苏珊·福沃德心理学经典作品

DR.SUSAN FORWARD

执 迷

如何正常地爱与被爱

[美] 苏珊·福沃德　[美] 克雷格·巴克

——

著

赵丽

——

译

北京日报出版社

关于本书

　　本书是苏珊·福沃德博士给处于感情迷茫期、脆弱期的人们开出的一剂良药。

　　真正的爱情也许并不完美，但绝不应发展成充满执迷、威逼、控制，甚至暴力伤害的关系。苏珊·福沃德博士拥有二十年情感咨询的职业经验，接到过无数痴男怨女的求助。这些人最终都修补了感情的创伤，重新获得了身心自由。

　　如果你身处类似的情感困境，无论是自己有执迷倾向，还是不幸成为执迷者的"目标"，这本具有实践指导意义的书都能够宽慰你、帮助你，带你走出心牢，重获幸福。

愿我们都不必
被爱所伤、被情所困

周丽瑗（心理咨询师）

在多年的从业经历中，我接待过不少这样的来访者：他们在爱中倾力付出，将追求的对象或伴侣视作比自己的生命还重要的人。他们总是能在与异性的交往中将"浪漫"发挥到极致，被追求的对象一般很难抵挡这样爱意汹涌的攻势。

"迷恋"与"执迷"虽然一字之隔，但相差甚远。两个人在经过爱情最初的迷恋期后，开始面对彼此真实的一面，许多隐藏的问题也会就此显露。被追求者会发觉浪漫仍然以极端的形式在生活的各个方面上演，渐渐感觉疲惫不堪、难以招架。最终，他们发现自己需要付出很多虐心的代价，比如：失去私人空间、失去自由意志、被骚扰、被跟踪，甚至被对方以生命为代价要挟不能分手。最痛苦的是，越是对这样的追求者表示拒绝或者宣布分手，对方越是拼命死缠烂打，没完没了，在分分合合的故事里来回纠缠。

如果客观地评价，这种特质的来访者本质上都没有恶意，而且往往在恋爱开始的时候体贴、隐忍、善良，像个完美的恋人。听着他们的故事，我的心情就像坐过山车一样起起伏伏，又好像观看琼瑶电视剧的观众，观赏着一幕幕海枯石烂的精彩爱情故事。而那些相杀相虐的爱情故事背后，都是他们内心对爱的极致渴望。就像苏珊博士在这本书中所分析的，这些执迷爱恋者由于童年时期经历过种种创伤，种下了这样一个核心情结：害怕被抛弃。当他们遇到心动之人时，被爱的渴望被唤醒，由于担心自己再度被抛弃，所以处处逢迎。如果对方不接受或者提出分手，必将撕开他们曾经的创伤。对于他们来说就是二次伤害，而这也加剧了他们的极端化。他们会选择性地关注曾经和伴侣海誓山盟的部分，也会合理化恋人向他们提出分手的理由，就是无法去反思自己的行为如何激怒对方，最后让对方关上了心门。他们一直陷入在对爱的极度渴望里，其他一切都不重要，甚至包括自己的生命。

当然，正所谓"一个巴掌拍不响"，苏珊博士在此书中也分析了那些被执迷者盯上的"目标"的共同特征。在看这部分的内容的时候，我总是能想起曾经的好朋友小玉，她从情窦初开时便总是能遇到对她好得离谱的男孩，他们疯狂而浪漫的追求行为让闺密们艳羡不已。我有幸比其他姑娘知道得更多。很多女孩子羡慕追她的男孩手捧鲜花站在楼下等她，暴晒一下午也不离去，却不知前一天那个男孩跟她闹了整个通宵，就因为她跟邻座的男生聊了会儿天。很多年里，我都是她类似爱情故事的见证人，年少的我总是劝她下次要吸取教训，再找男朋友时要睁大眼睛。但往往这样的男孩对她有着致命的魔力，令她在被追求之后就扑通一下跳入了同样的陷阱。苏珊博士在文中对小玉这样的"目标"的心路历程做了详尽的分析，他们往往具有共同的特征：无视自己的需求，力求证明自己与众不同，觉得自己不配得到更健康的爱情。他们被定义为"协同执迷者"，如果没有他们，许多执迷者也就不复存在。

心理学上将这样的关系称为"施受虐"。同执迷者一样，协同执迷者也有内心的创伤按钮，他们同样对爱怀着极度的渴望，也同样来源于幼年时缺失的爱和安全感。由于小时候对父母"不负责"行为的印象太深，他们没有能力辨别出健康的爱是什么样子的，在他们眼里猜忌、指责、妒忌和爱是一回事。有些协同执迷者意识到自己的爱情是有问题的，但仍想通过自己的努力去改变对方，这样的人往往是在重复童年时父母的行为：一个善良的母亲千方百计去拯救虐待她的丈夫。很耳熟吧？就是圣母与渣男的故事。

苏珊博士在此书中不仅将执迷者和执迷者"目标"的问题详尽分析，将问题的根源层层揭示，还将执迷者的行为、想法和感受之间的转化表述得通俗易懂。更难能可贵的是她善于从几个典型案例入手，从分析症状、根源到最后治疗的过程，有始有终。让读者在阅读的过程中像亲身体会了一次心理咨询一样。如果通篇阅读，相信对我们每个人都有一定的治愈作用。

很多心理学方面的书籍侧重于分析和解释原因，却不太涉及问题的解决方法，也许是考虑到职业机密。苏珊博士无私分享出很多在心理咨询中常用的方法，这些方法安全可靠、简便易行，让人从中受益。比如，在治愈父母关系的环节里苏珊博士建议给父母写信，这在临床实践中非常好用。我们每个人在写信的过程中都会爆发大量的感受，由此带动的情感流动是对积压情绪最有效的疏理。我将其比作"扫垃圾"，这些垃圾可能已经堆在我们的心里几十年了，我们的文化不允许表达，不允许释放，但它们却真真实实存在。一旦投射到亲密关系中去，会让你的亲密爱人为你在原生家庭所遭受的际遇买单，这既不公平也有害于彼此关系的健康。当然，并不是说写信就得把它寄给父母，想必我们的父母也是承受不了的。这在心理问题处理上也不必要。其实，心理治疗处理的是当年那些以孩子的视角看问题而产生的感受，把这些感受处理完，就像把垃圾倒完一样。当你把事情说出来的时候，就不会再被它影响。像这样切实可行且深具治愈作用的方法，苏珊博士分享了十多种。

真心希望这本书能帮助众多身陷执迷爱恋的痴男怨女们，从面对自己的创伤情结开始，选择健康美好的恋爱。我也有一个奢望，希望已经断联多年的朋友小玉能看到这本书，希望我们都不必被爱所伤、被情所困，学会正常地爱与被爱。

目录

执迷爱恋触痛了每个人的神经

格洛丽亚感觉怪怪的，穿过编辑部走向办公室的时候，一双双眼睛都盯着她看。她推开办公室的门，浓浓的花香迎面扑来，只见办公桌上小山似的堆满了红玫瑰。恐惧和愤怒像一列火车一样碾过她，又是前任吉姆！为什么吉姆就是不明白，他们已经分手了！

几千米之隔的律师事务所里，吉姆守在电话旁，痴痴地等着格洛丽亚的电话。

分手后的几个月里，他一直拒绝放弃这段感情。而格洛丽亚被吉姆没完没了的"努力"耗尽了耐心，她愈发庆幸做了分手的决定。

等到晚上八点左右，吉姆等不下去了，他必须听到格洛丽亚的声音。所以，他打给了她。一听出是他的声音，格洛丽亚马上就挂断了。

第二天早晨，格洛丽亚醒来，透过玻璃看到吉姆居然坐在自家门前的台阶上。绝望之下，她报了警。警方告诉她，他们可能要几个小时后才能赶来。她被困在了家里，为了避免跟吉姆照面，连早晨的报纸都不敢出去拿。奇怪的是，大约一个小时后，吉姆自行离开了。

格洛丽亚赶紧去公司上班。结果，她赫然发现吉姆正在公司的停车位上等着自己。极度挫败和愤怒之下，她尖叫着让吉姆离开。

吉姆和格洛丽亚的关系是典型的执迷爱恋，吉姆那些令人窒息的行为严重影响了格洛丽亚的生活。执迷爱恋是一所监狱，囚禁了执迷不悟的人，也囚禁了他们不屈不挠恋慕着的"目标"。

我为什么决定写这本书？

"玫瑰事件"一个月后，吉姆找到了我。他知道应该放弃格洛丽亚了，但就是做不到。吉姆请求我帮帮他。

吉姆

是什么让我做出那些疯狂的事？我是一名律师，向来很理智，可一旦遇到格洛丽亚，我就失控了。我觉得自己永远都忘不了她。是不是我的下半生都要纠缠在这段感情中？我不能再这么下去了，这太痛苦了，我该怎么办才好？

除了吉姆，这世上为情所困的人何止千千万？

回想起过去的几年中，我接触过上百位执迷爱恋者，以及很多被追逐得精疲力竭的"目标"们。这些男男女女，因为身陷执迷爱恋中，生活受到极大的影响，甚至面目全非。他们要么热切渴望一个得不到的人，挫败而痛苦；要么是被一个执着的追求者百般纠缠，困窘焦躁；有的人甚至两种角色都体验过。我想要帮助他们学会处理这些情况，摆脱执迷爱恋的困扰。

当我和克雷格着手写作的时候，身边的朋友、同事、做过咨询的客户，甚至是只见过几面的人，都希望我把他们的故事写进书里。人数众多，反响热烈！可见执迷爱恋触痛了每个人的神经。

本书引用的故事都是真实的。为了保护当事人的隐私，我们修改了他们的名字、职业等身份特征。但是，尽量还原了他们的真实经历。

什么是执迷爱恋？

在这本书里，我将用"执迷"这个词来形容特定的行为。严格来讲，这并不规范，因为"执迷"一般只能用于思维领域，心理学中则是用"强迫"这个词来形容执迷的行为。但是，简单起见，我统一用"执迷"这个词来指代思维和行为上的特定现象。

基于二十年的职业经验，我总结出四个特征，用来帮助判断一个人是否处于执迷爱恋之中。

- 满脑子都是自己的恋人，或想要得到的那个人。
- 对执迷的对象有着难以满足的渴望。
- 已被对方明确拒绝，或者得不到：要么肉体上得不到，要么精神上得不到。
- 被拒绝或者得不到后，自己的行为开始失常。

任何人都有可能成为执迷者。有的执迷者在生活的其他方面表现得完全正常，但有的执迷者出现了很多异常行为，例如酗酒、吸毒、沉迷赌博；还有一些常常被忽略的强迫行为，如工作狂、洁癖等。

同样的，没有什么标准来衡量哪种类型的人更容易成为执迷爱恋者的"目标"。无论男人还是女人，都有可能成为"目标"。一些"目标"最开始可能接受了对方的激情，另一些"目标"则不假思索地拒绝了。一些"目标"后来与他们追求者结了婚，另一些"目标"

则最终选择了其他人。对于"目标"们来说，只有一点是相同的：他们都有一个自己并不想要的、不知疲倦的追求者。

电影、电视、广告、流行歌曲、书籍合谋起来说服我们：爱情一定要轰轰烈烈、死去活来，否则就不是真爱。电视连续剧《拿破仑和约瑟芬》里有一个精彩场景，拿破仑向约瑟芬强势表白："你让我欲罢不能。"一款著名香水用了这句台词，向消费者暗示通往激情和浪漫的捷径。在畅销书《假定无罪》中，主角始终保持着对恋人的狂热追求，即使后来他的恋人已经死去。

在现实世界中，执迷爱恋者们单方面登上了希望的顶峰，拔高了自己的情感。然而，这种不切实际的期待换来的将是失望、空虚甚至绝望。

对于被追逐的"目标"们来说，执迷的爱最开始让人飘飘然，但不可避免地，也会越来越让人感到窒息。一旦进入窒息阶段，生活将跌进情绪化、凌乱、焦虑、无助、恐惧的深渊。很多"目标"几乎被捆绑着不情不愿地奉献自己，变成执迷追求者的人质。

执迷的爱：一种矛盾的存在

执迷爱恋的表现形形色色：执迷的女护士难以抑制地对已婚男医生产生性幻想，导致无法专心工作；多疑的丈夫不分昼夜地跟踪妻子，生怕她背叛自己；一个新婚的倒霉男人，前女友为了挽回他的心，居然大衣里面什么都不穿，赫然闯进他的公寓；一位拉拉，被工作中的女上司强行非礼；一个可怜的妻子，被充满猜忌的丈夫从楼梯上推了下去，导致流产。

健康的爱情需要相互信任、相互关心和相互尊重，执迷的爱恋则恰恰相反。它只不过是一种渴望，渴望一些自己没有的东西。一位执迷者即使身处一段恋情之中，也还是不满足，总是想要更多的爱、更多的关怀、更多的承诺、更多的安全感。执迷爱恋的本性是贪得无厌，对方终究会受不了无休止的索取，选择离开。

你是一个执迷的爱人吗？

当然，我并不是说所有热烈、浪漫的爱情都是执迷爱恋。我自己就是一个很浪漫的人，会被烛光晚餐、唯美的歌剧或者月光下的一支舞打动。爱上一个人的时候，我会非常投入，但这并不意味着执迷。执迷者会永远停留在这个充满激情的阶段，他们会把家庭、朋友和所有重要的事情抛在脑后，心心念念只有那个爱着的人。他们的世界越来越小，他们的感情需求越来越多。直到有一天，对方无法给予他们相应的关注了，执迷者却仍深陷感情的旋涡中无法自拔。当感情宣告结束的时候，他们拒绝接受。他们开始绝望地挣扎，想要抓住对方。这就是执迷爱恋的关键：

被抛弃是执迷爱恋的引爆器。

有的人清楚自己属于执迷爱恋者，还有些人很困惑。为了帮助大家辨别自己是否身陷执迷爱恋中，我列了个清单。

前方预警：接下来的这些问题有可能会触痛你的神经，让你感觉难堪、内疚、伤心或者生气。这种不适感是一个积极的信号，说明有东西触碰了你的内心，你开始认识真实的自己。一旦你意识到了，就可以选择改变。

1. 你是否对一个无论是肉体上还是精神上都不可能得到的人念念不忘？

2. 你是否心心念念有一天这个人终会属于你？这是你生命的全部？

3. 你是否相信因为自己足够真心，他 / 她就得爱上你？

4. 你是否相信只要穷追不舍（或者方式得当），他 / 她最终会接受你？

5. 当你被拒绝的时候，是否更加想要得到这个人了？

6. 如果屡次被拒，你是否会因爱生恨？

7. 你是否感觉很受伤，或者认为对方欠你很多，因为对方没能给你你想要的？

8. 你是否无时无刻不在想着这个人，吃不下睡不着，或者没法学习或工作？

9. 你是否坚信这个人是你的唯一，非他 / 她不可，他 / 她是你生命的意义？

10. 你是否一有空就频繁地给对方打电话？或者总是在等待着对方的电话？

11. 你是否经常招呼都不打就出现在对方的家里或办公室里？

12. 你是否总想知道这个人在哪儿？和谁在一起？你有没有悄悄跟踪过他 / 她？

13. 你是否有报复这个人或自虐的倾向？

　　以上问题，如果你的答案中有三个或三个以上为"是"，那么你就是一个执迷爱恋者。但别灰心，执迷爱恋并不是从娘胎里带出来的疑难杂症，只不过是很多人想要得到或遇见爱情的一种方式。你可以克服执迷爱恋。

　　（注：如果以上清单中的问题，你的答案从头到尾都为"是"，那么在阅读本书的同时，建议你马上去看心理医生，寻求专业帮助，

以免做出伤己伤人的事情。）

你是执迷者的"目标"吗?

如果你被自己不喜欢的人追求，想弄清楚追求者是不是执迷爱恋者。下面这个清单能够帮你确认。

1.对方的行为是否让你感觉压抑?

2.被你拒绝过的人是否一次又一次试图说服你，说你其实并不清楚自己的感受和需要，其实你是爱他/她的?

3.你的前任是否拒绝相信你们之间已经结束了，尽管你一再拒绝，他/她还是没完没了地纠缠?

4.你是否经常很不情愿地接到这个人的电话、情书、礼物或是来访?

5.这个人的追求是否给你带来了很多烦恼?是否造成了你身体或心情的不适?或是烦得你没法专心工作?

6.你拒绝这个人之后，他/她是否对你追得更紧了?

7.当你拒绝这个人时，他/她有没有烦躁或是愤怒?

8.这个人是否盘查你去哪儿、见了谁?你是否发现他/她跟踪你?

9.你是否害怕出门，因为担心这个人可能正在等你?

10.在这个人的纠缠之下，你是否感觉自己像个人质?

11.你是否担心这个人可能做出伤害你的事情，或者自虐?

12.这个人是否有暴力倾向或是已经出现暴力行为了?

上述问题，哪怕你的答案只有一个为"是"，你也极有可能已经是执迷爱恋者的"目标"了。对于有些人来说，执迷者的殷勤不过是制造了一些烦恼而已。对另外一些人来说，执迷者的穷追不舍和喜怒无常让他们透不过气来。甚至有一些人，可能已经处于暴力威胁之中。

　　尽管执迷爱恋者和他们的"目标"各有各的烦恼，但有一点是共同的，他们的生活充满了无助感。通过这本书，我希望能帮助所有的执迷者和"目标"，帮你们逃离过度的激情、痛苦、烦乱、渴望和无力，将你们从执迷爱恋的泥潭中解救出来。

1

第一部分
四种执迷的爱恋者

第一章　　疯狂追求真爱

真不敢相信，我都做了些什么！一遍一遍地拨电话、驾车跟踪、铺天盖地的情书、暴怒、威胁……这完全不像我了。我用了好长时间才把他放下。他的眼神、他的笑容、他的味道、他的触摸……他让我疯狂。

——玛格丽特

这是玛格丽特在心理辅导疗程的最后一天写下的，她曾深陷一场执迷爱恋中，而这份执迷足足让她痛不欲生了三年，现在她基本解脱了。

玛格丽特身材纤瘦，一头红发，三十四岁，离异，在一家大律师事务所当助理。一年半之前，我刚认识玛格丽特的时候，她整个人都压抑、绝望、喜怒无常。

她找到我，是因为菲尔，一个明确表示不会结婚的情人。他让玛格丽特的生活和工作全都失控了。她对十岁的儿子越来越没耐心，工作也屡屡出错。玛格丽特还疏远了朋友们，因为她全天都在等着菲尔的电话，生怕错过。朋友们无一例外地都对菲尔颇有微词。

一见钟情

　　玛格丽特遇见菲尔的时候，已经离婚六年了。这段时间里，她也有过很多次约会，但没有遇见真正令她心动的人。漫长的六年过去，玛格丽特有些灰心，开始厌倦酒吧里的那一套调情把戏，朋友们也把能够介绍的单身男性全都引荐过了，上电视相亲节目，也是屡屡败兴而归。

　　直到玛格丽特在法院里邂逅菲尔。那时她正在协助上司处理一起挪用公款案。菲尔是一名警察，在为一起知名度很高的谋杀案做证。午休时间，他们在自助餐厅第一次相遇。

玛格丽特

　　一个帅气的大个子男人就坐在我的对面，见到他的第一眼，我就丢了魂，已经好多年没这样过了。我们开始聊天，当天晚上他就约了我。那天晚上约会后，回到家时我忍不住手舞足蹈起来。接下来的一个星期，我们几乎每晚都见面，那种感觉简直妙不可言！白天工作的时候，他会打电话过来，一听到他的声音，我的心就怦怦直跳，美翻了天。

　　这种浓情蜜意，想必你我都经历过。一段恋情开始的时候，执迷爱恋和健康的恋情并没有太大的区别：花儿特别芬芳，音乐悦耳动听，仿佛漫步云端，飘飘欲仙。

　　浪漫感受、美好憧憬、无限遐想，这些曼妙的体验悄然触动了我们的身体，我们开始心跳加快，满面春光，肾上腺素飙升，体内激素发生变化，大脑释放出内啡肽——一种来自我们身体的天然兴奋剂。所以，爱情滋润的不仅是我们的感受，还有我们的身体。

唯一完美的情人

全心投入新恋情的时候，那令人战栗的激情自然而然地让我们的双眼自带美颜效果，让浪漫的期待和想象来过滤自己的感知。这种对现实的积极过滤我们称之为"理想化"。

玛格丽特

两个星期后，他表白了。我欣喜若狂，他是那么的完美，我的生命从此圆满了：有一份自己喜欢的工作，儿子很优秀，又拥有了一个如此完美的男人。菲尔在床笫之间温柔，谈吐不凡，会为我做浪漫晚餐，还帮我修车。在他身边，我感觉很安全，无论是身体上还是心理上都特别踏实。我想，他就是我想要与之共度余生的男人。

因为菲尔是个好情人，玛格丽特就认定非他不可。但是，仅仅两个星期的激情，能支撑一辈子吗？

在一段感情刚开始的阶段，相爱的人们总是表现出自己最好的一面，努力让自己显得迷人、风趣、善良、魅力无限，对恋人无微不至，极尽所能。这只是男欢女爱的套路，潜藏在我们的本能之中。这些"卖力表现"的行为能够反映出一个人某些方面的品质，但绝对不是全部。我们都有心情不好的时候，也都有一些小心眼、脆弱敏感、固执己见，以及一些不招人待见的习惯，我们当然不愿意刚谈恋爱就让对方发现这些。

在火热的新恋情里，我们让缺点深藏不露，但往往忽略了一个事实：我们的恋人免不了也正在藏藏掖掖。

在健康的恋情里，恋人们相信自己找到了梦中情人，同时也会给自己保留安全的退路，那就是面对现实。他们希望这段感情可以天长地久，同时也承认世事无常。

执迷的恋人则恰恰相反，他们在浪漫幻想的万仞悬崖上走钢丝，义无反顾，不留退路。飞蛾扑火似的激情中容不下"也许"这类字眼，他们固执地认为：

他／她就是
我此生唯一完美的情人
从此别无他求

执迷的恋人很天真地相信，只有"唯一完美的情人"能够让他们感觉幸福和满足，解决他们所有的问题，带给他们所能想象到的激情，让他们感受到从没有过的被需要、被爱。对于执迷者而言，所有这些极致的感受使得那个"唯一完美的情人"已经不只是恋人，更像是他们生命的支柱。

执迷者对所谓的"唯一完美的情人"并没有特别的要求。他们不需要博学、睿智、幽默、成功，甚至根本不需要有过人之处。

事实上，有些执迷者爱上的往往是处于困境的人，比如经济无法独立或债务缠身的人、瘾君子、火不起来或者早已过气的小明星。这类执迷者沉迷于一种被需要的错觉之中，他们相信只有自己才能解救对方。

执迷者对恋人的期望和幻想，与对方是什么样的人没多大关系。他们只是一厢情愿，把自己的需求强加给对方，按照自己的期许"量身打造"一个完美情人。天知道为什么一个人会为另一个人神魂颠倒、欲罢不能，但有一点是可以肯定的，执迷与个人需求和欲望是脱不了干系的。

情感雕塑家

在正常的恋爱中，随着两个人的心越走越近，彼此有足够的安全感，便不介意让对方看到自己身上的小缺点。如果双方发现不能接受真实的彼此，可以选择分手。

但对于执迷的恋人来说，他们才不管现实什么样，想分手简直没门。他们就像是情感世界的雕塑家，需要什么样的感情，就塑造什么样的感情。

我的朋友唐堪称感情雕塑界的罗丹。唐，四十二岁，律师，体形健壮，嗓音温和，略微秃顶，一副圆框眼镜显得书卷气十足。他与一位已婚女人拥有一段长达五年的爱恨纠葛。

唐

第一次遇见她，是我在法学院求学的最后一年。那会儿我在一个书店做兼职，她走了进来——她是我有生以来见过的最温柔、最精致、最优雅的女子。我的第一反应是：天哪，我要认识她。碰巧，我和朋友正在聊天，她加入了我们。她有雅致的英国口音，吹弹可破的肌肤，不可言说的眼睛……我们聊了会儿，朋友先行离开，我冲动地问她是否愿意与我共进晚餐。她说："对不起，我已经结婚了。"正常情况下，一切都应该结束了。但我充耳不闻，追问她能不能跟我喝杯咖啡，只是聊聊天而已。当她答应的时候，我高兴得快要死掉了。

第一次见面，唐就知道辛西娅已婚。按理说这应该会挫败唐的激情，但他无视这个巨大的障碍，开始雕塑属于自己的"现实"。

唐

我们开始常常一起午餐，总是有说不完的话，她有着英式的内敛，不愿意放开谈论最积极的感受，但那只会让我更加着迷。后来有一天，我们在海边漫步，阳光流淌在漾漾的海面上，我看着她，然后俯下身去吻了她。那是我生命中最美好的时刻。从那以后，我所有的期待都是拥有她，所有的心思都是关于她。随着我们越来越了解彼此，她最终开始跟我谈论起她的婚姻。

辛西娅十八岁的时候来到美国，在茱莉亚音乐学院学习钢琴。一年后，她遇见了她的丈夫，一个比她大十五岁的医生。他们结婚了，她放弃了学业随丈夫搬到西海岸。

唐

她对放弃音乐的事耿耿于怀，但她从来不跟丈夫说这些。她说她只会在我面前这样敞开心扉，因为从来没有哪个男人像我这样温柔、细心、真诚地对待她。她让我感到，我才是她唯一的男人。我知道，她离开丈夫只不过是时间问题，尽管她从没提起这个。我开始寻租一个大点的公寓，方便她随时搬过来。我还开始打听靠谱的离婚律师，以便在她离婚时可以帮得上忙。

此时此刻，唐只不过是跟辛西娅建立了柏拉图式的友谊。他们俩做过最出格的事也就是海滩一吻。但就是这一个吻，加上一点体己话，唐就确信自己和辛西娅命中注定要在一起了。

唐开始对他俩将来的生活展开无限遐想。首先呢，他要帮助辛西娅离婚，再找一个公寓，一起搬进爱的小窝。在他法学院毕业之前，辛西娅继续当她的旅游代理。等他毕业了，就能负担起两人的生活了，辛西娅可以从工作中解脱出来，重新投入音乐的世界。他想象着动人的画面：辛西娅坐在起居室的钢琴前，傍着温暖的壁炉，指尖下流淌出醉人的旋律。他俩一起飞到伦敦去见辛西娅的家人，然后去巴黎，在塞纳河畔品尝美味的博若莱红酒，这些幻想的场景最后总是在两人疯狂的缠绵中结束。

辛西娅没有做出任何她会离婚的表示，但这不妨碍唐在梦幻国度里精心雕塑他的唯美爱情。他把辛西娅已婚的事弱化成不值一提的小麻烦。

遥远的崇拜

大多数"情感雕塑家"会有一些浪漫的鼓励来激发他们的"才思"，哪怕只是几次约会。但某些极端的例子中，有些"唯一完美的情人"连"雕塑家"姓甚名谁都不知道。

劳丽是一名护士，在一家大医院里工作。有一天早晨，她哭着在我的广播节目里打进电话。她告诉我，她三十岁，两年前结束了一段不堪回首的婚姻，现在疯狂地爱上了同事——一位医生，他们在医院走廊里照过面，但没有过任何直接接触。

劳丽

我爱上了一个男人，但他根本不知道我的存在。对他来说，我只是成千上万护士中的一个。但他在我眼中，又帅气又迷人，说话风趣，简直完美。我满脑子都是他，想要为他做烛光晚餐，想偎进他的怀里，和他滚床单……更糟糕的是，他已经结婚了，并且很爱他的妻子。有一回我看到他和妻子一起吃午餐，哭得停不下来。护士长只好让我早点下班回家。我每次和别人出去约会，都不欢而散，因为我的心里只装得下他。但我不能约他出来喝一杯或者其他什么的，他已经结婚了，这样是不对的。他主宰了我的生活，却毫不知情。我知道自己特别傻，夜夜以泪洗面，瘦了好多。朋友们都很担心我。

我把劳丽这类人称为"遥远的崇拜者"，这类执迷者与他们的"目标"既没有事实上的感情纠葛，也没有身体接触，甚至与他们的"梦中情人"（常常是一些明星或名流）根本没见过面。

这类迷恋听起来很是凄美，但破坏力不容小觑。一旦失控，"遥远的崇拜"难免会升级成"当面的伤害"，极大地影响执迷者和"目标"的生活。

错把性当成了爱

"遥远的崇拜"是例外，并不多见。绝大部分执迷者和他们的"唯一完美的情人"之间，从几次约会到有过婚姻，都或多或少确实发生了点什么。但不管是什么样的爱，性爱往往起着重要作用。咨询中常常听到执迷的恋人们诉说他们不可思议的性爱经历。

玛格丽特

我们第一次滚床单的时候，我好像直到那一刻才知道真正的做爱是什么滋味。他在床上的时候竟然询问我的感受，我之前从来没有遇到过。一次之后，他就了解了我的一切。他用舌尖爱抚我，我都快爆炸了，我们一直持续了三个小时，而且越来越美妙，我们每次在一起都这样。

玛格丽特持续飞扬的激情、浪漫的幻想以及极致的期待，使得她和菲尔的性爱犹如干柴烈火,欲仙欲死。玛格丽特对菲尔更加迷恋了。

性加剧了理想化,理想化又使得执迷者更加迷醉,一往情深。执迷的恋人将他们火热的性爱看成冥冥之中的某种启示,让他们相信自己和恋人本就是为对方而生的。

玛格丽特

他是我的唯一,我的真命天子。当我们缠绵的时候,我感觉我们两个人已融为一体。我是说,也只有在床上,我才能真实地感受到他的爱……但每次我想进一步确认我们之间的关系时,他就沉默了。

玛格丽特以为火辣的性就是火辣的表白,一个男人只有爱极了才会在床上百般温存。就像很多执迷的恋人一样,玛格丽特错把性当成了爱,不可避免地要坠入痛苦的深渊。

从浪漫到被拒绝

每一个人在恋爱伊始,都会一门心思地专注于所爱之人,满脑子幻想。在这个阶段,我们的生活总是偏离正轨,巴不得一天到晚和他/她腻在一起。这种疯狂的小执迷只要是阶段性的、相互的,基本是无害的。

但到了执迷者身上,这个阶段简直没完没了。当最初的激情消退,对方开始厌倦,或是移情别恋,甚至干脆选择退出,被抛弃的执迷者便会从天堂坠入地狱。

被拒绝:执迷者的噩梦

当被拒绝的时候,健康的爱恋和执迷的爱恋之间就出现明显的分水岭了。当健康的恋人被拒绝后，他们会很伤心失去这段感情，然后继续生活。但是执迷的恋人往往走不出痛苦和恐惧的阴影，拼命似的死缠烂打。

拒绝引发执迷

拒绝有时候是直截了当的，有的时候是委婉暗示的；拒绝可以是真实发生的，也可能只是当事人内心揣测的；有的人正在承受被拒的苦痛，有的人隐隐预感将要被拒而忐忑不安；有的恋人分手干脆利落，有的恋人时聚时散、分分合合；有的拒绝来得猝不及防，不留余地，让人彻底死心，有的拒绝拖泥带水，慢慢折磨。无论是哪种类型的拒绝，都能彻底激发执迷情结。

被拒焦虑

没有人情愿被拒绝，这是个伤心事，但每个人至少都经历过一回。当我们全心投入一段恋情之中，都存在着被拒的风险。恋爱中的人，大多都体会过患得患失，担心恋人会离开自己，我将其称为"被拒焦虑"。

在健康的爱情中，随着感情的进展，恋人们越来越信任对方，被拒焦虑也就自然消退了。不幸的是，大多数执迷的恋人，被拒焦虑像挥之不去的噩梦，他们一天到晚疑神疑鬼，生怕"唯一完美的情人"哪天会离开。

尽管情意缠绵，玛格丽特却始终都处于焦虑状态，忧心忡忡地担心菲尔会离开她。三个月后，菲尔终于答应搬过来和她一起住。玛格丽特希望这样可以让自己多一点安全感，但让她失望的是，事情恰恰相反。

玛格丽特

有天晚上菲尔打电话来，说他要和朋友们去打牌，晚点回来。他一直玩到凌晨三点才回来。这期间我一直在想，他为什么宁愿和一群狐朋狗友在一起，也不愿意跟我待在一起？他是不是不喜欢我了？他是不是开始厌烦我了？我试着平静心绪，但真的很害怕。他每次出门的时候，我都要问他是不是真的喜欢我，我知道这样让他很烦，可我还是忍不住一遍一遍地问——我要听到他说他爱我。我爱他爱到骨子里去了，甚至都不想让他出去上班，我只想每一分每一秒都和他在一起。他不在身边的时候，我就莫名地心慌，担心他不再回来。

玛格丽特的被拒焦虑一天比一天严重，开始没完了地要求菲尔保证爱她，无论大事小事，她都觉得会导致菲尔离开她。她变得特别黏人，要求越来越高，可这不但没有让她感觉好一点，反倒加重了她的焦虑。她知道这么做只会让菲尔越来越疏远她，尽管如此，她还是停不下来。内心深处的执迷，以被拒焦虑的形态浮现出来，体现在生活的方方面面。

执迷的恋人把牢牢抓住对方的心当成精神支柱，因此对恋人的一举一动都格外敏感——语气跟平时不一样、一次爽约、有了新癖好等，哪怕一星半点的忽略和不周，都能把执迷者推进冰窖，让他们感觉是被抛弃了。

很多执迷的恋人反复揣测对方到底喜欢什么样的人，时刻注意自己的形象，说话谨小慎微，纠结自己在床上的表现，刻意表现得睿智，处处逢迎，只为留住"唯一完美的情人"。

时间也抚不平焦虑

被拒焦虑不只存在于新恋情之中，前来咨询的哈里已经困在被拒焦虑中二十年了。哈里是一位四十二岁的牙医，体格精瘦，棕色的头发有点稀疏，笑起来很亲切。他对妻子的执迷已经危及婚姻。

哈里在婚姻中一直缺少安全感。妻子弗兰是那么的活泼灵动，走到哪儿都自带光环；自己却恰恰相反，害羞又沉默。哈里常常担心弗兰经不住诱惑，被别的男人拐走。当他们唯一的女儿上了中学，弗兰便重返职场，和以前一样当了地产中介。随着弗兰再度进入社会，哈里的被拒焦虑一发不可收拾。

向我倾诉的时候，哈里一直不自在地转着手上的婚戒。

哈里

她一出去工作，回来总是提起那些一起工作的男同事。她也常常带着男客户孤男寡女地在空房子里晃荡一整天……我心里就好像有猫爪挠着似的，无法忍受。指不定哪天她就跟别的男人走了，扔下我不管。

哈里没有理由去怀疑弗兰做了什么不检点的事，或是有这个企图。但是，哈里不需要证据，和玛格丽特一样，担忧即证据。惶惶不可终日的结果是，弗兰真的要离开他了。他在家里制造出的猜疑和妒忌气氛，导致夫妻两人矛盾重重。

对于执迷的恋人来说，害怕分手和真的分手，两者带来的伤害是一样的。在被拒焦虑干扰之下，执迷者的所作所为常常激怒他们的恋人，而这让执迷者更加不安了。一而再，再而三的折腾，被拒焦虑终于变成了执迷者的自我诅咒。

分分合合，反复无常

如果分手不是干脆利落的，比如执迷者的"目标"不能确定自己的感觉，常常表现得反复无常。这种反复无常对于执迷的恋人，相当于直接告诉他们："我、再、也、不、想、见、到、你、了！"

唐在和辛西娅的感情中受尽了分分合合的折磨。自从海边情不自禁的一吻之后，他们的感情迅速升温，每周都要在唐的公寓里见三四次面，整个下午都待在床上。但是唐越来越焦躁，他开始不满于这样隔三岔五的约会，想要拥有辛西娅的全部。

唐

我苦等了两年，等着她离开她的丈夫，但我可能是太傻了，什么都没发生。我不断告诉自己：好吧，也许我再耐心一点，也许只要我再等等……可她到底还是没有离婚，我痛得无法呼吸，感觉自己快要被撕裂了。这一刻她在我怀里，下一刻她就是别人的；这个星期她对我柔情蜜意，下一个星期她却冷若冰霜，似乎想要离开我。我快要崩溃了。今天她跟我滚床单，明天她又找各种借口不见我。我不知道该怎么办，是去是留？我简直疯了。

辛西娅对唐这样忽冷忽热、若即若离的做法，在专业心理学领域被称为"间歇强化"。辛西娅有可能是想玩点小伎俩，同时拥有两个男人，也有可能是她左右摇摆、拿不定主意，还有可能是她想利用唐来挽救自己的婚姻。不论辛西娅的动机是什么，对于唐来说，结果都是一样的，温存的时刻给了唐继续守候的动力，冷漠的时刻加剧了他的被拒焦虑。就这样，唐在这场情事中，苦楚了好几年。

激情一瞬间，伤痛恒久远

对于执迷的恋人来说，几夜的激情就足以让他们相信恋情已经坐实。这个时候，如果对方失去了兴趣，执迷者的反应就像是多年的感情被毁一样，痛不欲生。

诺拉就经历了这样的事情。诺拉，二十九岁，一头漂亮的黑发，绿色的眼睛，独自经营一家高端服装店。诺拉有着稍许复杂的背景，十四岁就怀孕辍学，成了一名单身妈妈，为了养活自己和孩子，她坚持打两份工。整日忙于生计导致她极少与外界接触，后来她辞掉了晚上的工作，上夜校拿到了高中文凭。这些日子里，她虽然偶尔也有约会，但从没往正式的恋人关系上发展。

当诺拉的女儿上了高中，越来越独立，诺拉开始感觉到孤独。她放话给朋友们，她准备正式谈恋爱了。朋友们纷纷向她推荐合适的男性，随后，她遇见了汤姆。

诺拉和汤姆约会了几次，很谈得来。诺拉便告诉为其牵线的朋友，她决定要跟汤姆共度余生了。

诺拉

我满脑子只有他，坐在家里一边吃东西一边等着电话。当我们在一起的时候，他让我感觉时光是那么的美妙。第一晚和他一起睡，简直完美，我们的身体仿佛天生就是为彼此而生的。他说他也这么觉得。我们一起出去了好几次，一切看上去发展顺利。可是他忽然不再给我打电话了，消失了，我往他的手机上发了好多短信，但他不回复我。我们在一起时那么好，他怎么能这样对我？

他们的"在一起"，不过是几次约会，几次感觉不错的滚床单，但诺拉就此认定汤姆是她"唯一完美的情人"。当汤姆不再给她打电话,不再回复她的信息,诺拉如同失去了一段重要的感情,痛苦难忍。事实上,诺拉和玛格丽特一样,错把性当成了爱。

八字还没一撇时,执迷的恋人是如何将一棵树当作整片森林,将一滴露珠看作整个宇宙的?这真是叫人吃惊。虽然才约会四次,被拒绝的痛苦对诺拉来说,好像他们已经交往了四年似的。很明显,她感受到的痛苦程度与他们的关系程度不匹配。痛苦之深都源于她的执迷,执迷的爱扭曲了时间,夸大了感受,自导自演了一出悲情剧。

否认不可否认的现实

当一个执迷的恋人遭到拒绝的时候,他／她往往选择装聋作哑。面对拒绝,否认是他们最常用的防御武器。个别极端的例子中,执迷的恋人会全盘否认现实——认为所有的事实都是假的。

1. 他们找一些看上去合理的缘由或解释来对现实进行理想化加工。
2. 他们试图弱化事情的严重性。

否认事实看上去能够保护我们免于痛苦,但并不能消除痛苦——那只不过是暂时的逃避。你只能骗得了自己一时,事实上,逃避得越久,等到不得不面对现实时你就会越痛苦。

将拒绝合理化

如果遭到拒绝,执迷的恋人就会找出各种合理化的缘由,为对方的行为进行解释、开脱。这是执迷者的自我防御机制。

这里有几个常用的合理化借口：

• 我知道他跟其他女人勾勾搭搭，不过那都不是认真的，他真正关心的只有我。

• 她总是不接我的电话，但我知道，她只是对我的感觉太强烈了，手足无措而已。

• 他是对我不冷不热，不过他要是能戒了酒，情况就大不一样了。

• 他都有三个星期没音讯了，该忙成什么样了啊！

• 她居然和那个家伙住在一起了！可我知道，她就是想惹我妒忌。

尽管恋情已经很明显无法挽回，执迷者仍然用合理化来逃避伤痛。诺拉在这方面就很有"创意"。

诺拉

说不定有一天，他忽然打电话来说："我在等着看你要用什么办法把我哄回去。"或者，有一天我拿起电话，他在那边说："好啦，我们结婚吧！"我知道他心里一直是这么想的，我比他自己更了解他。

诺拉的"合理化创作"让她得以暂时不用直面痛苦、失望和挫败。她不愿面对被汤姆拒绝的事实，执着于一个信念：

他真的很爱我，只是他自己还没发现。

执迷者通常认为，他们最了解对方的真实感受。他们相信，如果付出更多的爱，对方终会被唤醒，捧出一片真心。在合理化的矫饰下，执迷者把对方的离开弱化成小打小闹。

另一种逃避：选择性关注

如果你对一个执迷的恋人说："我们之间结束了，我不想再看到你了，你也别再联系我了，你是一个好人，只是咱俩不合适。"执迷者通常只能听到"你是一个好人"，他们从一段明显的拒绝中挑选一句肯定，用这么一丁点的肯定来最大限度地弱化负面信息。我把这种逃避的方式称为"选择性关注"——执迷恋人的标配。

唐

两年半过去了，她终于离开了她的丈夫，我想："这下好啦，她很快就要搬到我这儿了。"但她没有，事实上，她看上去不大想见我，找了好多借口不来看我：她很累，工作上出了点问题……而且，她居然没有离婚，只是分居，我简直要疯了！万一她又回去了呢？万一她又找别人了呢？我心灰意冷了一两天，然后我明白了：她只是需要时间去调整自己而已。头一天我都想要跳崖自杀了，第二天我又说服自己，只要我默默地、耐心地等待，她总有一天会投入我的怀抱。毕竟，从来没有哪个男人能像我这样待她，这可是她自己的话。

几句甜言蜜语成了唐的救命稻草，他紧紧抓住辛西娅只言片语的鼓励，用来为她的言行不一开脱。

两个星期后，辛西娅又搬回她丈夫那里了，唐彻底崩溃。但不久之后，辛西娅又和唐约会，吞下"忽视"这枚还魂丹，唐复活了，完全无视辛西娅回到丈夫身边意味着什么。此后，唐和辛西娅又继续交往了两年，在这两年里，唐一直在跟"忽视君"和"绝望君"玩跷跷板。当他绝望的时候，辛西娅的婚姻如同横在面前的拦路虎；当他忽视的时候，拦路虎就变成了纸老虎。

玛格丽特则把选择性关注这种神技发挥到极致。

玛格丽特

　　菲尔开始每周都晚归好几次，后来有一天，他搬走了。我不敢相信，他叫来一个朋友，开着货车把他的东西都带走了。他说他只是需要一点空间，这话真伤人，他要跟谁有空间？我呗。还好，至少他每周有一两个晚上来我这里过夜，所以我知道他心里有我。

　　玛格丽特忽略了一个事实，他们之间只剩下性了。菲尔明显已经对她失去了兴趣，她抓住这一点点温存，以为他们之间还有爱。

　　在抓住"唯一完美的情人"的艰苦征程中，执迷的恋人搜寻着任何一点破碎的希望，让自己相信还有爱。与此同时，他们拉黑所有与幻想相悖的证据，他们是逃避大师。

　　执迷者总是怀着神奇的期望，指望着恋人来填补他们生活的空白。神乎其神的性爱和最初的激情支撑着他们的期待。他们执迷于这段恋情，以至于一旦遭到拒绝，就当真以为自己再也不会爱了，再也不完整了。正因如此，这个时候他们才不会轻易放手，对于执迷者来说，已经不只是爱的问题了，那是生存的必需。

第二章　　情感绑架

> 我一整晚都在打电话，但是她不接。所以我就不停地打电话，一遍又一遍，像个机器人，重拨，重拨，再重拨，再重拨……我必须跟她说话，要不然我会死。
>
> **——罗伯特**

无论是谁，被拒绝总是如打开了痛苦之渊的泄洪闸——不愿接受的痛苦，感觉被羞辱的痛苦，失去信心的痛苦，重新揭伤疤的痛苦。

不管是身体的痛还是情感的痛，都在告诉我们，有些地方需要改变了，这是一种本能，感到痛苦的时候，人自然而然想要做点什么好减轻痛苦。健康的恋人总是以积极的方式去对待被拒的伤痛，尽管这并不容易。他们能够直面自己的痛处，承认自己在这场感情中的失败，尽力放下无法挽留的人。

但是，执迷的恋人可做不到就此放手，他们反复做出一些必定会伤害自己或对方的行为，更多的时候是伤己伤人。他们全力以赴做一些傻事，让行动取代感知，没时间去痛苦。这种用消极行动转移痛苦感受的做法，在我们心理学的领域叫作"宣泄"。

通过自罚来宣泄

我们在报纸、电影或电视上看到的执迷恋人，大多是强行闯入"目标"的生活，威胁或者伤害他们。但其实很多执迷者在遭受拒绝后，他们的反应是针对自己的，不自觉地做出一些折磨自己精神甚至身体的行为。

举个例子，当汤姆不再打电话给诺拉，诺拉过于痛苦以至于生病了，她的自罚行为只是让事情变得更加糟糕。

诺拉

我的胃开始绞痛，难以置信的痛，上帝啊，他为什么不给我打电话？我没法去上班，我只能坐在家里，失魂落魄地望着电话，一瓶接一瓶地喝着冰酒……吃垃圾食品，喝酒，吃着，痛着，吃着，醉着……一刻不停地想他。

诺拉疲惫不堪，她反复咀嚼汤姆带给她的痛苦，还用上了失恋者的两大法宝：食物和酒精。自我惩罚的执迷者常常酗酒，暴饮暴食或者绝食，嗑药，赌博，工作上表现得暴躁或心不在焉，嗜睡或者失眠，疏远家人和朋友，甚至选择自杀。

诺拉的精神压力引发了胃痛，但她继续做那些让病情雪上加霜的事。诺拉想用酒精麻醉自己，用垃圾食品填补内心的空虚，不难想象，这样消极的生活方式让她的身心状况更加糟糕。但对于诺拉而言，胃痛总比心痛来得好。

飞镖效应

我告诉诺拉她正在伤害自己，诺拉感觉难以理解，难道不是汤姆伤害了她吗？谁会自己跟自己过不去呢？我告诉她，有的痛苦看得见摸得着，有的痛苦则深藏在潜意识之中难觅踪迹，这些都需要我们与之抗争。

被拒绝让人有耻辱感，好像被狠狠扇了一巴掌，它打击我们的自尊，击碎我们的美梦。所以，遭到拒绝的时候，我们既伤心又愤怒是在所难免的。诺拉忽然莫名其妙地被抛弃了，怎能不生气？但她自己没意识到这一点，而是把对汤姆的愤怒转嫁到了自己身上。她越是努力地压抑愤怒，越是把自己绕进了胡思乱想和郁郁寡欢的怪圈。

这种现象叫"飞镖效应"，因为当我们不能够很好地表达和处理内心的愤怒时，这些感受就像一枚凌厉的回旋镖，最后伤的是自己，自作自受。愤怒的情绪钻进我们的潜意识深处，伪装得如同敏感的变色龙，变化成各种各样的症状，从头痛到疲惫沮丧。

痛苦是唯一的、绝望的联系

无论是男是女，执迷的恋人往往都很难表达自己的愤怒，这在女性执迷者身上表现得更加明显。因为世俗观念教导女性最好温柔娴静，相反，不管是暴跳如雷还是愤然作色，都有失优雅。和诺拉一样，大部分女性都学会了控制情绪，相比承认自己在生气，她们宁愿选择隐忍。

痛苦在执迷的故事里是一个特殊的角色，对于执迷的恋人来说，痛苦是他们和那段感情之间唯一的联系。品尝痛苦，使得已经离去的恋人又栩栩如生地走进了他们的生命。他们的爱情已经埋葬，但至少痛苦维持着气若游丝的感受。为了握住那最后的余温，执迷者不顾一切，沉迷于痛苦之中，拒绝疗伤。

　　除了与过去的恋人维持最后一点点联系，痛苦还为执迷的恋人提供了一种奇怪的情绪副产品，诺拉认为承受痛苦让她觉得自己很勇敢。

诺拉
尽管我跌入了谷底，但这一切都是为了爱，所以，痛苦是我的勋章。

　　对于像诺拉一样的执迷者来说，深深的痛苦意味着他们的恋情还没有完全逝去。这让诺拉有安全感，甚至有点骄傲，因为没有谁能像她那样为汤姆伤心。

　　在热恋阶段，执迷的恋人陶醉在浓情蜜意里，一旦对方执意分手，往日的激情被击碎，爱情走了，他们只好用痛苦去填补这份空虚。至少，痛苦也是一种激烈的情感。

　　被抛弃的时候，绝大多数执迷者选择了自罚和化愤怒为痛苦，但随后就进入了伤人的阶段，他们往往通过死缠烂打的方式干扰对方的生活。

死缠烂打

　　执迷者的目的是让对方重拾旧爱，一旦决定这么做了，无一例外的，要么是拿自己发泄，要么是找别人发泄。

　　追求本身并不一定是执迷的表现。恋爱中的一方偶尔会表现出一点倦怠，原因很多，比如初尝爱情时害怕受到伤害。这种情况下，些许的追求能够鼓励对方放下戒备。不过，追求应该是有度的，如果人家执意要离开——比如移情别恋了，或者跟前任旧情复燃了，或者出于其他什么原因决定要离开——那么就是时候该放手了，不管有多痛。

但对于执迷者来说，让他们放手简直像取其性命一般。看到对方离开，他们唯一会做的就是追回来，追回来，必须追回来！

追求攻略

执迷者挽回爱情的方式往往很过分，甚至是危险的。他们最常用的追求攻略如下：

- 送一些礼物、鲜花或情书给对方，尽管对方并不想接受。
- 找借口与对方见面。
- 不断地电话骚扰。
- 经常开车路过对方的家或公司。
- 总是不打招呼就跑到对方家里或办公室。
- 跟踪对方。
- 威胁要自残或伤害对方。

执迷者最感挫败的事情就是被抛弃，他们通过各种方式的追求来掩饰自己的无力感，让自己看上去仍然主动。

吉姆以为自己的玫瑰充满了爱意，其实是在用送花的方法强行介入格洛丽亚的生活。格洛丽亚不想与吉姆再有交集，也不想再回忆，但吉姆仍然把自己一厢情愿的爱强加于她。

制造借口

当玛格丽特和菲尔之间只剩下偶尔的性关系，玛格丽特试图让菲尔多来看她。她借助于一种看上去很无害的追求方法：找借口见面。

玛格丽特

我常常半夜一点才睡觉，凌晨四点就醒来了，噩梦连连。他离开以后，我瘦了好多，好像渐渐地枯萎了。所以我绞尽脑汁找各种借口让他来看我：我正好多了一张音乐会门票；故意弄坏东西找他来修；有一天晚上我甚至谎称有人入室盗窃，要他过来看一下。他在车站时我打电话，他在家时我打电话，他在他哥哥家时我也打电话，我甚至还打电话到他常去的酒吧，打电话到所有我觉得他可能去的地方。我编造很多借口让他过来，他也有很多理由不过来，我就继续编理由。

通过编造各种笨拙的借口，玛格丽特一厢情愿地试图维持感情，尽管那些奇奇怪怪的借口可能会让菲尔烦恼。玛格丽特因此很受伤，她翻来覆去地对自己的行为感到羞耻，觉得自己在菲尔面前非常卑微。总是她主动，总是她在追逐，总是她在付出。但是，菲尔却没能给她对等的回应。她太想见到菲尔了，可显然菲尔不想见她，不管菲尔多么想一走了之，玛格丽特就是不愿放手。借助各种理由的纠缠，玛格丽特觉得自己好像不再那么无力了，尽管菲尔离她越来越远了。

电话骚扰

对付想要逃跑的恋人，执迷者最常用的工具就是电话。这并不是指偶尔的电话联系，而是那种反反复复、没完没了的电话骚扰。执迷者只能通过电话听一听那熟悉的嗓音了。

执迷者用电话来抗议对方的漠视，通过电话打听对方在哪儿，以此来消解自己内心的不安，通过电话来判断对方身边是否另有他人。

罗伯特今年三十九岁了，一头金发，脸上有雀斑，相貌平平。他在一家音响店当销售，离过两次婚，有家暴史，两次婚姻都没能维持多久。女友不久前也提出了分手，并且再也不愿见他了，罗伯特愤怒到连他自己都感到害怕。

通过他的描述，我推测罗伯特在两次婚姻中都是执迷爱恋。前来咨询的时候，罗伯特正爱着萨拉。萨拉是一名医学文秘，曾经是罗伯特的顾客，经历了两年起起落落、阴晴不定的爱情，萨拉厌倦了罗伯特的妒忌心，提出了分手。罗伯特简直不敢相信，一个月来，罗伯特不断地给萨拉打电话、守在她门口、写信，但是一点用都没有。

尽管萨拉拒绝见面，罗伯特还是纠缠不休。罗伯特觉得自己一定得做点什么，让萨拉后悔自己的决定，电话成了罗伯特的救命稻草。

罗伯特

那天是我的生日，我去了她家，想要给她一个惊喜，但只给了自己一个惊吓。她家里居然还有一个人！我的心都碎了，看得出她很不高兴。我回到家里，开始给她打电话，她不接，我就不停地拨电话。我要和她说话，我要她回来，我要她明白她需要我。这是我的生日啊，她必须跟我在一起，管她情不情愿呢，都不重要！

罗伯特相信，只要萨拉接电话，他一定能说服萨拉相信他们的感情还没有完。事实上，他的电话骚扰（当然不止于电话骚扰）令萨拉非常反感，干扰了萨拉的私生活，烦得萨拉再也不想理他了。他忘了一个事实，萨拉有权根据自己的感情做决定，有权支配自己的生活。

意味深长地拨了又挂

诺拉，仅仅跟汤姆见过四面就陷入执迷恋情，她独创了一种奇特的电话骚扰模式。不同于罗伯特只想着逼对方跟他说话，诺拉每次给汤姆打电话，汤姆一接电话，她就马上挂断。

诺拉

上个周末，我给他打电话，他接了电话，但是当听到那句熟悉的"你好"，我惊慌失措地挂上了电话。我是觉得，说什么好呢？我知道他不想跟我说话，然后我想，也许我可以再试一次，所以我又拨了他的电话，但这次回应我的是语音留言。我想，肯定是有别的女人在他身边，他才挂断我的电话。于是我反复拨电话、挂电话、拨电话、挂电话，至少重复了二三十遍。从那以后，我每晚都打他的电话，我一句话都不说，我只是想要……我自己也不知道我想要什么，这真的很疯狂，他肯定知道是我干的，但是……我不知道，也许这就是我想要的。

确实，这才是诺拉想要的——让汤姆知道是她打的电话。不管汤姆是接电话还是语音回复，汤姆都能感受到她的出现，这样汤姆就不会忘记她，就不能够轻松自在地去找新欢了。

我认为诺拉这种电话骚扰是一种追求策略，尽管她的"宣泄"行为看上去不仅没能挽回汤姆，反而让汤姆更加疏远她。

在执迷者看来，联系胜过一切，他们使出浑身解数找机会去和对方联系，花样百出。尽管他们的关系只剩下不断的拒绝。在旁人看来，执迷者这样不断地骚扰他们的"唯一完美的情人"，根本无益于修补关系，但执迷者自有一套逻辑。

开车蹲守

电话骚扰远远不是执迷者追逐"目标"的终极模式，这只是一个起点。大多数执迷者很快就会发现，电话追踪满足不了他们的需要了，他们急切想要跟对方近一点，再近一点。

电话攻势进行了一个礼拜后，诺拉觉得她和汤姆之间的联系简直没有进展，她有必要追得再紧一些。

诺拉

我开始常常开车到他家门口，想要知道他是不是一个人。但我不想让他看见我，所以每次都租不同的车去。我常常半夜两三点起来，开车跑到他家门外，看看停车位上有没有别的车。要知道，过去我在他家过夜时，总是把车停到那里的。他的车库里放着一艘小船，所以客人来访时得把车停在外面。我看到另外一辆车停在他的车旁边，那肯定是他新女友的。每当这时，我的痛苦就加深一层。但一到深夜，我又跑到了他家门口。我知道我像个傻瓜，可我管不住自己。

诺拉这样不嫌麻烦，不计花销地租车掩藏身份，说明她为自己的做法感到尴尬，可就算费心思、花钞票、伤颜面，也阻止不了她夜夜盯梢。

一开始，诺拉只是想知道，汤姆抛弃她是不是因为移情别恋，事实上确实如此。然而这个结论也没能让她对汤姆彻底死心，她继续深夜租车到汤姆家门口去。她已经没必要再收集证据了，只是驾着车去品尝痛苦，执迷于此。

驾车跟踪看上去似乎算不上追逐，因为这种行为之下，执迷者跟"目标"之间并没有直接接触，而且大多数"目标"并没有发现自己被盯梢。事实上开车跟踪同样是一种追逐策略，因为其动机不外乎是想要寻找和对方接触的机会，或者是便于打探对方的隐私。比如他／她在哪儿？跟谁在一起？最近都在做些什么？

和其他追逐行为一样，开车跟踪也容易上瘾，成为执迷者生活中的一个坏习惯。执迷者常常为自己跑到对方的家门口或办公室感到吃惊和困惑，就好像有某种力量在驱使着他们似的，让他们无法自控。尽管他们知道自己的行为没有任何意义而且自降身份。

这种情况也发生在唐的身上，当辛西娅搬出了她丈夫的房子，却并没有搬来和他一起住，而是和闺密住在一起时，唐非常失落，开始提心吊胆，担心辛西娅想要抛弃他。

唐

我想，既然她能背叛她丈夫，对她丈夫撒谎，难道就不会这么对我？我在工作时间给她打电话，她常常说正在外面跑业务，我就开车去看她的车是否还在那儿。而且我常常夜晚开车跑到她丈夫家门口，去看她是否在那儿。尽管一次都没撞见她，我还是忍不住跑过去。

唐是一名见习律师，可是在这段感情里，他那训练有素的律师思维一点也帮不了他。他和所有向我咨询过的执迷者几乎异口同声：

我无法控制我自己。

有了这个借口，唐干脆破罐子破摔，彻底屈服于执迷，让痛苦主导自己的行为。

对玛格丽特来说，开车蹲守是出于渴望。她没有猜疑和妒忌，只是因为思念。她想要每天都和菲尔在一起，但菲尔不允许，所以她驾车跟踪菲尔，至少这样可以感受到他的存在。

玛格丽特

如果我不能跟他在一起，至少我要离他近点，否则我只能干坐在家里痛不欲生。所以我开车到他家，我跟儿子撒谎说要去商店或有其他事，叮嘱他若有紧急情况就打电话向邻居求助，然后留他一个人在家，我到底在做什么啊？！我就像一个陷入迷恋的傻高中生，可惜我已经三十多岁了。我需要看到他的车，或者他家里亮着的灯，有几次我甚至从窗外看到了他的身影。这样让我感到好受一点，知道他就在那儿，我们很近，但随后我常常感觉很糟糕，这样远远不够。

这是多么凄凉的爱情啊！玛格丽特孤独地坐在车里，哀伤地望着那座珍藏着她梦想的房子，捧着残碎的梦，忍受着内疚的折磨。

玛格丽特不仅仅要忍受失恋的痛苦，还要承受对儿子越来越沉重的负罪感，毕竟孩子是她的至亲。因为这段执迷的恋情，她对儿子越来越没耐心，甚至还常常对他撒谎，把他一个人留在家里。那些身为父母的执迷者，当他们意识到自己为了追逐爱情而耗尽时间和精力，忽略了自己的孩子时，常常会自责不已。

不速之客

电话和跟踪使得执迷者越来越渴望直接接触，他们热切地想要见到自己的心上人。常常编造一些理由，在没有提前告知的情况下去见对方，他们常常借口"刚好路过""我今天多做了些好吃的""有一件衣服忘在这儿了""来还一本书""我新买的衣服看上去怎么样""电话出问题了，来看看你还好吗""有一件人生大事来征求意见""附近开了一家新餐厅，心血来潮请你去吃顿饭"等。在一段健康的爱情里，这些借口都挺让人开心的，但到了执迷者和他们追逐的"目标"之间，只能让对方觉得这是惺惺作态，甚至非常生气，更加不想再见面了。

作为一种新手段，玛格丽特开始了每周"顺路"拜访菲尔，甚至想要约菲尔出去喝几杯。有几次她甚至夜晚跑到菲尔家，说自己"路过"。通常情况下，菲尔在这些"顺便来访"时还能保持基本的礼貌，直到有一次，玛格丽特出现在了一个错误的时间。

玛格丽特

一个周六的晚上，菲尔要去参加一个单身派对，但他说等结束后可能会给我打电话。我很激动，以为我们能共度良宵，但是他没有打给我，我一直等到凌晨三点多，才彻底放弃去睡觉了。第二天一早，我打他的电话，但打不通，我打给接线员，才知道话筒没挂上。我想会不会出了什么事，赶紧驱车去他家，一路上我都在演练见到他该怎么说，我知道这么冒冒失失地跑过去，他不会乐意的，但我仍然盘算着，只要他肯让我进去，我就给他做美味的早餐，他会感觉好一点的。可是，当他穿着睡衣打开门，脸色瞬间变了，我就知道自己犯了大错。"我屋里有人，"他说，"我昨晚喝多了，她送我回来的。"呃……我瞬间崩溃。我知道，他不再是那个把我捧在手心的温柔先生了。但是，我觉得要是我给他足够的时间……我是说，我曾经以为这个人是那么的爱我，但是那一刻，他击垮了我。

即使没撞见菲尔的新欢，玛格丽特也应该清楚他们的关系已经走到了尽头。

不幸的是，玛格丽特像很多执迷者一样，自有一套特殊的信息过滤模式。他们会启用否定大法，一切表明对方不再感兴趣的证据都通不过他们神奇的过滤系统。假如执迷者一连吃了五次闭门羹，他们还会去尝试第六次的，他们不会吃一堑长一智，依旧傻傻地盼望着总有一天能敲开对方的心门。

玛格丽特心存侥幸，至少勉强还有一丝现实依据，菲尔对她尽管没了爱意，至少他们偶尔还滚床单。可吉姆的情况就全然不同了，充足的证据表明格洛丽亚不想与他有任何接触了，格洛丽亚告诉吉姆不要再打电话了，拒绝在任何地方见面，所有的情书都原封不动地退还，扔了他的玫瑰，甚至警告他要报警。

吉姆

那次街上大闹的两个星期之后，我决定试着找她谈谈。我估计要是人多的场合，她应该不会闹起来。我避开门卫，进了电梯，再穿过阅览室，我紧张得都有点发抖了。当我走到她的办公室门前，想着我要是这么直接推门进去了，万一碰上她在开会，她非得疯了不可，于是我敲了敲门。她打开门看见是我，砰的一声在我眼前关上了门，然后把门反锁了。我想不通她为什么反应这么激烈，我只是想和她说说话而已，我忽然感觉到很丢人，那么多双眼睛都在盯着我。我求她不要这么不讲理，可她直截了当地让我滚，否则她要报警。众目睽睽之下，我恨不得找个地缝钻进去，她怎么能这么对我啊！我只是想说说话而已！不一会儿安保人员就来了，他们呵斥我离开，我不大记得我都做了些什么，只记得我大喊大叫地踢她的门，保安把我拖走了。这是我这辈子头一回彻底失控，我自己也被吓到了。

实际上，早在被格洛丽亚办公楼里的保安拖走之前，吉姆已经失控了，只是他没有意识到。几个月以来，他屡次不请自来地纠缠，让格洛丽亚陷入恐惧和愤怒，痛苦不堪。而吉姆以为自己不过是单纯地想跟前女友叙叙旧而已，并没有过分的企图。当格洛丽亚请保安过来，吉姆觉得她对自己太不公平。被格洛丽亚抛弃的愤怒和挫败感最终浮上水面，他爆发了。和很多执迷者一样，吉姆觉得自己是受害者，尽管事实上正是他们，把"目标"们的生活搅成一场噩梦。

执迷者们通过选择性关注的方式来弱化自己被对方抛弃的事实，而追逐过程又使得执迷者们忽略自己的行为。在这方面，吉姆堪称奇才。吉姆从不觉得自己伤害过格洛丽亚，他意乱情迷，一门心思只想追回格洛丽亚，完全看不到自己的追逐把格洛丽亚的生活搅得一团糟。

吉姆认为自己别无选择，他必须追回格洛丽亚。他做的事情和全天下用情至深的男人一样：攻破她不明智的心理防线，让真情感天动地。说到底，自己是一个可怜的伤心人——他不过是想要跟她说说话，又不是什么大事，她怎么就这么油盐不进呢？

吉姆看不到，正是因为他自己过于强人所难，把格洛丽亚逼到了死胡同，格洛丽亚才慌不择路，只求能保护自己。如果说有谁伤害了吉姆，那只能是他自己。

跟踪

很多执迷者喜欢悄悄尾随他们的"目标"，像谍战片中训练有素的特工一样，悄无声息地尾随，从饭店到酒吧，在对方的家门口或办公室外盯梢。

哈里——我们在上一章提到的牙科医生——他跟踪自己的妻子。他非常害怕妻子会扔下他跟别的男人跑了，因而控制欲越来越强。如果弗兰在聚会上跟异性说话，他就会指责弗兰处处留情。要是弗兰在家里接到男同事的电话，他就会生气。而且他总是不厌其烦地打听弗兰每天的行程。

哈里的疑神疑鬼让弗兰越来越反感，她开始渐渐疏远哈里，不想理他。而哈里则认为弗兰的疏远就是出轨的铁证。哈里由压抑滑向愤怒，他的无理取闹已经耗尽了弗兰的感情，所以弗兰在身体上也开始排斥他。过分的执迷中，哈里正在亲手把噩梦变成现实。

等他们的女儿上了大学，弗兰觉得自己终于可以解脱了，她可以选择离开哈里了。但当她告诉哈里她的决定时，情况变得更糟糕，哈里非常惊恐，他发誓愿意为弗兰做任何事，只要弗兰再给他一次机会。弗兰说她想要先分居一阵子，而且除非哈里去寻求专业的心理咨询，否则自己不会原谅他。

尽管是在弗兰的要求下哈里才来向我求助，但其实哈里也意识到了自己行为偏激，几近失去控制。他很焦虑，想做出一些调整。在我们第一阶段的辅导中，哈里对于他的过去支支吾吾，他觉得很尴尬。但他最终敞开心扉，把一步步执迷至此的过程全盘托出。

哈里谈到了他"疯狂的指责""庭训似的审问"，以及每隔一小时往弗兰办公室打一次电话的事。然而做了这么多，也没能缓解他的猜忌。他妒火中烧，根本无法相信弗兰说的任何一个字。

哈里

大约在一个月前，我开始跟踪她。我打电话到她办公室，约她出来共进午餐。可她说不行，她正好有个午餐会议。这听起来有蹊跷，所以我取消了下午的工作，开车到了她的办公室。我把车停在一个不显眼的角落，好让她发现不了，然后等着她出现。大约十二点半吧，我看见她跟她的老板一起走了出来，一边走一边说话，看上去十分亲密，我敢肯定他们绝对不是在谈工作。我悄悄地跟着他们穿过街道，到了一间挺别致的餐馆，然后又去了酒吧的角落，他们看不见我，但我一直看着他们。

　　我一肚子愤懑地看着他们浓情蜜意地共进午餐，但随后来了两个客户，加入了他们。我顿时感觉自己特别不堪，我脑子里都在瞎想些什么啊。我好像头一次反观到自己真实的内心，我自己都觉得恶心、可怕，我一定得好好反省。但仅仅两个星期之后，我又开始了新一轮的疑神疑鬼……

　　哈里知道弗兰越来越疏远他了，他对妻子的爱那么真切，他不相信是自己制造的隔阂，肯定是有人插足他们的感情，弗兰的疏离绝对不是因为他有什么不好。结果，哈里的生活里多了一位隐形第三者，像幽灵一样折磨着他。

　　跟踪者总有一套荒唐的逻辑来替自己的行为开脱，哈里是这样解释的：尽管他也为此感到羞愧和自责，但这样至少能让他稍稍从猜忌的痛苦中挣脱一会儿，让他在执迷、嫉妒的煎熬中得到片刻宁静。但宁静只是暂时的，不管多少次证明弗兰是清白的，哈里的猜忌之心还是会卷土重来，他对未来毫无信心。

执迷的嫉妒

　　哈里长期妒忌和猜疑，表明他患了"偏执型人格障碍"的心理疾病。当一个执迷者具有偏执型人格的时候，他就可能有暴力倾向。对于这种咨询者，我总是建议他们暂时和爱人或配偶分开一阵子，至少三个月，好好做心理辅导，解决潜在的心理问题。

　　哈里同意了，非常积极地参加心理辅导疗程。慢慢地，他的猜忌和其他执迷行为都有所减轻。

自杀威胁

当所有的方法都用尽了，一些执迷者会以自杀相威胁。尽管有些人真的实施了，但自杀威胁仍属于追逐策略。执迷者以自杀相逼，无非是想要触发对方的不安和罪恶感，迫使对方回到自己身边。前来咨询的安妮就把这一手段运用得有声有色。

安妮是一位三十八岁的美女，有一头漂亮的金色长发，是一家大型美容院的股东。安妮高中毕业六个月后就和学校里的恋人结婚了，这段婚姻维持了两年，她丈夫因为非法持有可卡因而被捕——他一直向她隐瞒自己的毒瘾。离婚后，她特别焦急地想要找到一个靠谱先生共沐爱河，组建家庭。虽然有过几段短暂的恋情，但几任男友似乎对她都缺乏诚意。她以前也进行过心理辅导，但还是没弄明白自己为什么找不到稳定的爱情。

一天晚上，安妮受邀参加一位顾客的四十岁生日派对，寿星是一位女演员。让安妮惊喜的是，派对中最有魅力的那位男士对她很感兴趣。派对结束前，他过来约她周六一起吃晚餐。他叫约翰，是一名成功的制片人，外表精致，举止优雅，而且富有。他们开始频繁约会，接下来的三个月里如漆似胶。

安妮

他带我出席各种场合，带我飞往各地，为我做任何事……我们各有住处，但时时刻刻在一起，不是他在我家，就是我在他家。我开始变得非常依赖他，我想嫁给他，想要和他共度余生，永不分离。

六七个月之后，他们的关系开始变味了。约翰陪安妮的时间越来越少，他说安妮的爱让他感到有压力，他知道安妮想要结婚，但对他来说，现在给出承诺还为时尚早。约翰越想撤退，安妮越是紧追。最终，他说自己感到窒息，想要离开安妮一段时间。

安妮开始盘查过往，琢磨自己到底哪儿做错了，她认为约翰决定离开肯定是因为自己哪里做得不好。可能是她不够美，没法让约翰怦然心动，也可能是她的学识配不上他。她决定把自己变成他的理想情人，于是在社区大学里选修了法语和历史课程，还参加了语言课来提升自己的谈吐。实际上，她对这些课程兴味索然。但为了约翰，她觉得自己的努力是值得的。

安妮

他说过他非常爱我，他曾为我做了那么多，成了我生命的支柱，可一转眼，他退出了，收回了所有这一切。我崩溃了，我该怎么收拾这段感情？又该怎样面对这样的伤痛？我打爆电话、跟踪、做各种事情，想尽办法去引起他的注意，但都没用，我几近疯狂，想到了自杀。如果我死了，他会来到我的墓前，追悔莫及。我的墓碑上要刻着这句话：约翰害她死于心碎。

安妮想要自杀有两个目的：结束自己的痛苦，惩罚约翰。

一天晚上，安妮情绪低落，打电话给约翰，说自己想要见他，约翰拒绝了，他们在电话里吵了一架。安妮绝望之下第一次大声说出了想要自杀，她威胁约翰，如果他不出来，就死给他看。

安妮

那晚我喝了酒，然而酒精只能让我更难受。我记得我好像是大发脾气，又跺脚，又冲着电话大喊大叫。他最终妥协了："好吧，我来看你，但我不会留宿。"我想："太好了，只要他肯来，我会留下他的。"

约翰来了，但是只待了几分钟，待安妮冷静下来后，他表明要跟她彻底分手。他说自己仍然关心安妮，但不再爱她了。

安妮

他准备离开，我告诉他，只要他走出这个门，我就自杀。他只是无关痛痒地说："我真的不希望你做任何傻事，我得走了。"然后他就下楼，朝门口走去。我得做点什么，让他知道事情的严重性，于是开始摔东西，找到什么摔什么，到处扔。我砸坏了所有的灯，所有的盘子，砸了所有能砸的东西……我听到邻居喊："快报警，有抢劫！"但我已经管不了那么多了，只顾着摔东西。过了一会儿，约翰回来了，那时我已经打碎了公寓里所有的灯，屋里黑漆漆的。他点上一支蜡烛，我们就坐在黑暗中，地毯上到处是碎片，我们就这样一直坐到凌晨三四点，然后警察来了。约翰向警察保证这里没事，他们才离开。然后约翰也回去了，留我一个人坐在一堆废墟里。

对安妮来说，把约翰叫过来是一场悲哀的胜利。安妮知道，事情变得更糟了。独自坐在满地碎玻璃的黑漆漆的公寓里，安妮被懊悔和自责吞没，她恨自己居然这么傻。

几乎任何执迷行为都伴随着痛苦的自怨自艾。对少数执迷者来说，极度的自责会将他们逼上绝路。就在安妮扬言要自杀的两周后，她真的自杀了，与死神擦肩后她来到我这里寻求帮助。

以死相逼不可能唤回失去的爱人，即使对方暂时回来，也不过是因为害怕或怜悯，而害怕和怜悯很难成为真爱的基础。

（提示：如果你考虑过自杀，反复幻想过自杀，或者曾以自杀威胁离开的恋人，那么你必须寻求专业的心理辅导，要知道，这种死法可一点都不浪漫。）

追逐只是徒劳

　　打爆电话、开车蹲守、不请自来、跟踪，甚至闹着要自杀，尽管手段用尽，执迷的恋人们依然坚信，他们所有的荒唐行为都是因为强烈的、圣洁的、诗意的爱情。沾上了所谓爱的光辉，咄咄逼人、侵犯隐私、骚扰都显得那么堂而皇之。

安妮

　　你得理解，当你想念一个人到了极致，没有什么是过分的，无论你有多疯狂，都是因为想让他回来，都是因为爱。

　　安妮在不知不觉中犯了一个执迷追逐的大错：

　　为达目的，不择手段。

　　执迷者的各种追逐"手段"，创造了一种惩罚性的、愈演愈烈的怪圈，执迷者深陷其中，感到越来越绝望，越来越自卑。他们越是"争取"，就把对方推得越远，他们也就愈加痛苦。

　　早晚有一天，所有的执迷者都会尝到自作自受的苦果，到那个时候，求而不得的挫败感和屈辱感常常转化成满腔愤怒。大多数执迷恋人的一腔怒火终会变成复仇的火焰，扑向对方。

第三章　　得不到就想毁掉

我开始变得疯狂，我想要去划他的车胎，我还想要去砸他家的玻璃，有时候我甚至幻想去烧他的房子。

——**安妮**

大多数执迷的恋人到了最后都要面对现实，深爱的人真的要退出他们的人生了。恼羞成怒之后，他们更加疯狂。

爱恨交织意难平

爱与恨，看似站在情感天平的两端，可遇上执迷的恋情，它们就不可能泾渭分明了。爱与恨在执迷者心中进行着一场艰苦卓绝的战争。玛格丽特就是这样，不断弹跳在爱恨之间，像一只无辜的乒乓球。

玛格丽特在发现菲尔有别的女人之后，依然去菲尔家门口蹲守，持续了六个月之久。然后，她知道菲尔和那个女人同居了。

玛格丽特

我不明白他怎么能这样对我，我太生气了，真想打烂他那张贱脸！那些天除了气愤，我几乎没法思考。但过了一阵子，我又开始回想我们曾经的美好，他给过我很多美好的感受，他那菲尔式的诱惑，非常性感。但有的时候，我真的恨他，我想让他倒霉，我希望他从此不举。他从来没想过我承受了多少痛苦，我真希望永远不要看见他，因为如果再见……恐怕我还会回到他身边。

我无从知道菲尔为什么选择离开玛格丽特，他也许是个好男人，只是那时还不想发展一段正式的恋情；也许他就是一个花花公子，四处留情却玩玩就算了；也许他厌倦了玛格丽特太黏人、需求太多；也许他移情别恋了；还有可能，他只不过是对玛格丽特没兴趣了。但是不管原因是什么，玛格丽特一口咬定，菲尔是故意伤害她，把她推进痛苦的深渊。她痛恨这种被抛弃、被背叛、被伤害的感觉，可即使这样，也没能熄灭她对菲尔的想念。

玛格丽特做不到一刀两断，内心的愤恨使得她对菲尔的想念和爱意还在沸腾，尽管菲尔早已翻篇了。与执迷的痛苦类似，执迷的愤怒也是一个骗局，愤怒让执迷者以为自己还没有退出对方的生命，他们与过去的恋人还有强烈的情感关联，虽然除此之外的其他关联都已失效。

幻想复仇

大多数执迷者会幻想着伺机复仇。无可厚非，我们每一个人都会时不时冒出一点邪恶的小幻想。但是，执迷者会沉迷于复仇的幻想，一旦没了节制甚至危害他们的心理健康。

约翰提出分手后，安妮开始沉迷于复仇幻想，就像当初她沉迷于爱情幻想一样。那晚约翰留她一个人坐在漆黑的、废墟一样的公寓里哭泣，几天后，她开始想象把自己承受的痛苦分毫不差地奉还给他，她幻想用一把火烧了他心爱的海边别墅——那所他们曾共度良宵的宅子。

安妮

我曾经一边给客户梳头发，一边想着到哪儿去弄到汽油，怎么样泼到他家四周，如何点火。一开始我想把他和他的房子一起烧掉，后来考虑一下，还是留他个活口，让他亲眼看着房子被烧，那才痛快。我常常一想好几个小时，我知道这样很恶毒，但这是我唯一能排解痛苦的方法。

安妮的行为是一种对抗沮丧的常见反应。复仇幻想背后的愤怒，能让人感觉自己很强大，充满力量。

安妮

我知道，我不可能真的跑去烧了他的房子，但我就是忍不住去想。我反复用意念烧他的房子，好像我才是局面掌控者，我要给他点苦头尝尝，让他知道伤害我是要付出代价的。有那么几天我感觉好了一点，可我越是幻想，越觉得自己愚蠢。

安妮的复仇幻想还只是想要破坏约翰的某些重要物品，而罗伯特就比较严重了，他的幻想比较残暴。

罗伯特是一位音响推销员，他前来咨询的原因是恋人萨拉弃他而去。当萨拉与别的男人同居后，罗伯特怒不可遏，开始了危险的复仇幻想。

罗伯特

如果我得不到她，那他也别想！这个混蛋就是想来搅和我的生活，我可不能遂了他的愿。我都打算好了，我要去酒吧找几个小混混，让他们打断那家伙的两条腿。我算了算，这大概得花上一万美元，我才不在乎呢，我就是要他好看。我已经好多次认真考虑这件事了。

罗伯特的复仇幻想直指萨拉的新男友，罗伯特认为是这个男人从自己身边偷走了萨拉。但是随着萨拉一再拒绝罗伯特，罗伯特复仇幻想的目标开始把萨拉也囊括进去。

罗伯特

他没有钱，没品位，还是个秃头……"她怎么能让这种人来取代我？！"我无时无刻不在问自己，百思不得其解。我真想杀了他们俩，就像"如果我不能拥有她，那就让她消失吧！"我想让那两个薄情寡义的人从这个世界消失，我翻来覆去地想起德州连环杀人案里的那个杀人狂，还想起那个藏身麦当劳的杀人犯。你不把一个人逼到绝路，就不知道他能干出什么事来，我这都是被他们逼的。

罗伯特的愤怒是如此强烈，以至于他的复仇幻想很残忍。他以为从肉体上消灭萨拉和她的情人，他就能从心理上消灭与日俱增的痛苦。而且他越是沉迷于这种残忍的幻想，他就越靠近危险的临界点，也许一点点刺激，就能让他付诸行动。

复仇行动

复仇是执迷者的末路。复仇，说明执迷者最终放弃了唤回旧爱的艰难征程，开始投身于糊涂的新目标：惩罚那个让自己如此痛苦的人。当执迷者开始了报复行为，爱与怒的心理阵地争夺战宣告结束——愤怒大获全胜。

经过五年的分分合合，唐的情人辛西娅最终选择了离开他。很快，唐的万缕深情被熊熊怒火焚烧殆尽。

唐

我永远忘不了我们是怎么结束的。她打电话跟我说："我实在承受不了这种压力了，我想要维持我的婚姻，我需要平静的生活，我爱你，但这没有意义，我们不是一类人。"我不敢相信，我说："为什么你总是想要离开我，而不是他？为什么你这么轻易就结束了我们的感情，而迟迟不愿跟他一刀两断？我比他好，我能给你更多，和我在一起你会更幸福，在我看来你选择他一点意义都没有！"但是她只说些诸如"我们之间已经没什么好商量的了"之类的话来打发我。那个贱人怎么能够用一通破电话就了结五年的感情！开什么玩笑！拿我当什么？我是小丑吗？我要让她后悔！

唐被彻底击垮了，他白天勉强去上班，晚上回到家里就躺在床上喝酒、发愁。

唐

大约一周后的某天，我喝了半瓶酒，忽然决定做点什么。她不是想维持她的婚姻吗？我偏不成全她。我拨通了她丈夫的电话，我说："嘿，你不知道我是谁，但这不重要，我跟你的妻子有一腿，我们好了五年了，她说她爱我，她还说她跟你在一起很煎熬，只是不知道怎么才能离开。"我说了这么多，他一句话都没有，在电话那头一直沉默着，我有点希望他气得挂了电话，但他只是不说话，所以我接着说：“她还告诉过我，她之前有过好几段艳遇，我不知道我这么做好不好，但你有必要知道自己娶了个什么样的女人。”

接下来电话那头是很长时间的沉默，然后他挂了电话，头一次，我开始同情他，而且我觉得自己挺恶心，从某种角度来看，我和他同病相怜。她同时欺骗和背叛了我们两个男人，我们都是可怜人。

尽管辛西娅斩断了她和唐的情丝，想要全力挽救她的婚姻，但是唐的一通电话彻底毁了这一切，很快她的丈夫就跟她离婚了。不可思议的是，这让唐又燃起了希望的小火苗，在他那个冲动的电话无情地摧毁了辛西娅的生活之后，他居然还想跟辛西娅重归于好。但果不其然，辛西娅对他的电话痛恨至极，再也不理他了。

在执迷的恋情里，向对方的配偶或自己的情敌抖出私情是常见的报复手段。通过公布私情，执迷者一石二鸟，不仅打击了那个狠心拒绝自己的情人，也重创了情敌。而且，就像唐那样，当执迷者彻底摧毁了竞争对手，隐藏在愤怒之下的爱意又会重新燃起希望的小火苗，他们又开始奢望和解。

情感暴力

尽管唐没有攻击任何人，也没毁坏任何东西，他的所作所为仍然是一种暴力行为——情感暴力。情感暴力的恶劣程度堪比肢体暴力，它能严重伤害一个人的心理健康，因为它能制造出屈辱、恐惧、无助、挫败甚至愤怒等感受。

很多情感暴力犯都是变本加厉地伤害别人，因为比起肢体暴力，情感暴力没有法律约束。遇到肢体暴力时我们可以报警，可在情感暴力面前，我们难以寻求保护。唐蓄意破坏了辛西娅的婚姻，但他不算犯法。

揭露地下恋情是最常见的报复行为，然而除此之外，还有很多五花八门的情感暴力。我知道有些执迷的恋人，曾在盛怒之下跑到重要的公众场合或者前任的办公室去大闹一番，重创对方的前程。还有的执迷恋人为了破坏前任的公众形象，在共同的朋友或熟人那里搬弄是非，诋毁他人。还有一些执迷者把气撒在对方的钱财上，透支曾经共同的信用卡。我辅导过一个执迷者，她趁着前任携妻子出去旅游，冒充人家妻子，跑去给前任的房子换了屋顶，尽管人家的屋顶本来就没有问题。比起报复，这听上去更像是情景喜剧，她那个可怜的前任旅游回来面对七千美元的屋顶翻修费傻了眼，整整一年时间他都萦绕在法律和财务纠纷中。

情感暴力已经严重扰乱了对方的生活，然而对于有些执迷者来说，这样还不够，他们得找些更有破坏力的事撒撒气。

破坏财物

在执迷者眼中，对方的财物往往可以代表它们的主人。暴怒之后，发现自己竟然毁坏了对方的财物，执迷者往往会感到不可思议，他们原以为自己从来不会对他人造成威胁的。

当执迷者将发泄的眼光锁定对方的某件物品，那这件东西通常是对方日常生活的一部分，或者是对方特别在意的物品，或者这件事物与他们之前的恋情相关。房子、车子、衣服、家具、电器、陶器、玻璃制品、珠宝、艺术品、花园——任何东西都有可能充当替罪羊。

当幻想也不能平息内心的愤怒时，罗伯特就冲着有特殊意义的东西发火。

罗伯特

这段时间里，她还时不时跟我联系，给我点小甜头。也许我可以结识其他女孩，可以出去约会，但萨拉打电话给我，说她想离开丹尼，我觉得我又有机会了。她确实给了我机会，只不过是一次午餐的机会，吃完饭她又回到丹尼身边了。她就这样，来来回回哄我上钩，又毫不留情离我而去。有一回她都跟我睡觉了，然后又走了，我简直疯了，我开车直奔那个男人的住处，真想杀人……到了那里，我看到了她的车。天哪！那是我帮她选的车，我帮她还车贷，她怎么能把车停在他的家门口？这差不多算是我们两人共同的车啊！我气得发疯，没什么能阻止我了，我找来一把大铁锤，一通乱砸，挡风玻璃、车灯、车顶、保险杠，全都砸烂了。不敢想象，如果我没有砸那辆车，我会做出点什么来……

对罗伯特来说，萨拉的车不仅仅是一个方便的发泄口，这辆车还是他和萨拉的感情纽带，也是他挽回感情的希望。他当然知道这辆车对萨拉意味着什么，这是她唯一值钱的东西，为了这辆车，她省吃俭用了两年。罗伯特砸碎了那辆车，也砸碎了他和萨拉仅存的一丝感情，他从萨拉的人生中彻底出局了。

萨拉三番五次地引诱罗伯特，暗示自己要跟现任丹尼分手，她暧昧的姿态把罗伯特束缚在紧张和焦虑中。她跟罗伯特滚床单，让罗伯特以为她已经下定决心离开丹尼了，谁知她忽然又回到丹尼身边了，她再次碾碎了罗伯特的期待。当然，我并不认为萨拉这样刺激罗伯特，罗伯特就是无辜的了。但确实，对于执迷的恋人，当断不断很容易触发他们的暴力行为。

报复行为仅仅表达了矛盾的内心，但从不能解决问题，凯伊吃尽了苦头才明白这一点。凯伊找到我寻求帮助，她没法缓解内心的痛苦，而且对自己的报复行为感到非常内疚。

凯伊是一位五十二岁的离异主妇，她的三个儿子都已成年，黑色的头发已经开始染霜，保养得还算不错的脸上也出现了淡淡的笑纹。见到她的时候，她的眼睛又红又肿，肯定是哭了一路。

凯伊告诉我，她结婚已经二十六年了，丈夫刘易斯是一名成功的建筑承包商，到了婚姻的最后阶段，刘易斯开始越来越疏远凯伊，但凯伊以为不过是他们年龄越来越大的缘故。后来他们最小的儿子也结婚搬出去住了，刘易斯告诉凯伊，他已经有很长时间都感觉不到幸福了，忍受了好多年，现在想要离婚。凯伊觉得丈夫背叛了她，抛弃了她，她很恐慌。

凯伊

我的心就好像是被一辆坦克碾过，碎得稀巴烂。我把整个人生都奉献给了我的家庭，孩子们一个个离开了我，现在他也要丢下我，连个像样的理由都没有。这就是我为他付出半辈子后得到的？他到底希望我怎么做？我太伤心了。

刘易斯在离婚这件事上还算厚道，他知道凯伊不会赚钱，就给凯伊留了足够的钱，保证她衣食无忧，虽然分开了，他还是常常帮助凯伊，就像一位老朋友，尽量减少对凯伊的伤害。刘易斯每个月都陪凯伊吃两三顿饭，还会在母亲节给她送花，在她生日时送礼物。

不幸的是，凯伊把刘易斯的帮助当成了爱情，她以为刘易斯还爱着她。三年来她一直在等，等刘易斯认识到自己的错，回到她身边。每次朋友们向凯伊介绍其他男性，她都拒绝见面，还跟朋友们说总有一天刘易斯会回到她身边的，尽管她知道刘易斯在和其他女性约会，她仍然相信那不过是为了舒缓中年危机。

尽管凯伊开始尝试做一些志愿者工作，而且还开始练习网球，但她只是为了打发时间等着刘易斯"回心转意"。

在这段日子里，凯伊请刘易斯的姐姐和母亲去劝和，希望他再给自己一次机会。她也总是让孩子们去劝父亲不要破坏家庭。她甚至还打电话给刘易斯的生意伙伴，在电话里哭哭啼啼，求他们帮她传话。她仍然时不时给刘易斯送一些情意绵绵的礼物和卡片，尽管刘易斯不止一次告诉她，这让他很尴尬。凯伊还坚持每天都给刘易斯打电话"随便聊聊"，然而聊来聊去不过是诉苦，说自从他离开，自己有多凄惨。

然而让凯伊意想不到的事情发生了，有一天，刘易斯打电话来，说自己准备再婚了。

凯伊

那一刻，我的心跳好像忽然停止了，时间也凝固了。我不敢相信，这段时间我一直坚信他会回来，我很有把握他还爱着我，我整个人都蒙了。我不敢面对我的朋友们，我感觉自己特别惨，朋友们看上去都觉得很尴尬，他们似乎不知道该说点什么，生怕触碰我敏感的神经。后来"大喜之日"终于到了，他们出去度蜜月了。那两个人在热带天堂如何的销魂，这个念头犹如噩梦一般萦绕在我脑海挥之不去。为什么受伤的总是我？是他害我落到这般田地，我要发疯了！

真的没法再自欺欺人了，现实摆在眼前。凯伊没法不去想象刘易斯和他的新欢出入成双，自己却形单影只，他们的幸福就是抽在自己脸上响亮的耳光。

凯伊彻底崩溃了，这是没法避免的事情。但是她并没有为失去而伤心，也没有努力开始新生活，她越来越气愤，开始转向复仇。

凯伊

我控制不住自己，翻来覆去地想象他们度蜜月回来后如胶似漆的场景：他抱着她进门，然后把她扔在床上，就像当年我们新婚时对我那样，这叫我怎么能忍？我一直想怎样破坏这一时刻，他们的欢乐就像插在我心脏中的刺。我记不起来是怎么开车到他们家的，一路上我脑子一片空白，就像一个机器人，但我清楚地记得自己做了些什么，我都盘算一个星期了。我绕到他们家后面，打碎一扇窗，翻进他们的房子，进去后我开始用剪刀剪东西，他的西装和衬衣、她的裙子、他们的床单、沙发罩、窗帘，我把能剪的东西全都剪个稀巴烂。

我就是想搅得他们不得安宁，我就是要他们进门的时候高兴不起来，我就想让他们生气，这样他们才知道他们是怎么伤害我的。

当凯伊驾车回到家里时，她开始害怕了。她从来没有动用过暴力，她不敢相信自己做了这么过分的事，她羞愧到极点了。几天后，刘易斯度蜜月回来，愧疚之下，凯伊打电话道歉。刘易斯告诉凯伊，如果她肯接受专业心理辅导，自己可以不起诉她。

凯伊

我的第一反应是指责他太傲慢，在背叛我、伤害我之后还说我有病，让我去看心理医生。

但是接下来我愣住了，因为刘易斯在电话那边崩溃了，他哭了，他开始跟我细数这三年来我是怎么一点点把他逼疯的，我也哭了。他描述的仿佛是另外一个人，但那确实是我，我回想自己曾经养大了三个优秀的儿子，打点一栋大房子，活跃在各种慈善组织……但是，我居然潜入他们的卧室，拿着一把剪刀去剪碎他们的床单，而且我……我知道他说得对，我需要心理辅导。

刘易斯历数凯伊的各种执迷行为，凯伊被震撼了，她万万想不到自己竟然如此荒唐，她用自欺构筑的防御体系彻底坍塌了，她开始清醒了，她第一次认识到了，受折磨的不是她一个人。清醒地认识现实，是凯伊摆脱离婚阴云的第一步。

很多执迷的恋人以为，对着东西撒气总比直接冲着人发火好，砸了人家的东西，就算解气了，免得犯下更严重的错。但是，拿东西出气只能暂时缓解一下愤怒的心绪，并不能彻底解开心结，怒火还会再次从心底升起。总之，砸东西不算完事，对着东西施暴并不能减少对人施暴的可能性。

罗伯特

如果我砸车那会儿，萨拉从屋子里出来了，我真不知道……我是说，我从来没有打过女人，但是那一刻，我已经不是我自己了，那是个挥着大锤子的疯子，我控制不住他。一想到可能发生什么，我就后怕。

罗伯特的后怕不无道理，当执迷的恋人打开愤怒的泄洪闸，谁都不知道愤怒的洪流会奔向哪里。就算这个执迷者没有暴力前科，也不能保证以后没有，此一时彼一时，对东西撒气可能升级到对人施暴。

身体暴力

执迷之情升温到一定程度时，人们很容易迷失自我，行为失控，做一些自己都不敢相信的事情。针对他人的身体暴力就是其中一种极端的方式。

那些诉诸身体暴力的执迷者，他们被愤怒冲昏了头脑，已经偏离了正常的生活轨道。对于这些执迷者来说，报复行为是他们试图从怒火中挣脱，重新控制自己的尝试。但是，身体暴力注定是得不偿失的办法。执迷者施暴的时候，表面上看来是要伤害别人，其实潜意识里，他们的真正目的是驱逐自己的痛苦，但这种转嫁痛苦的方式不可避免地要以失败告终，因为最初被抛弃、被拒绝带来的痛苦并没有因此而消散，反而更加严重了。

有一些执迷者仅仅失控一次，袭击了对方。还有一些执迷者有严重的人格缺陷，自身具有潜在的暴力倾向。可悲的是，在现实中，哪怕只是一次失控的爆发，就可能结束一条鲜活的生命。（我们将在第七章深入探讨执迷者的暴力袭击问题。）

复仇路上永无胜者

如果你发现自己沉迷于复仇幻想，我强烈建议你去看看心理医生，以免你的复仇幻想变成实际行动。如果你已经越过红线，有过某些形式的"宣泄"，比如破坏对方的财物，那么你必须接受专业的心理辅导，以免暴力升级，伤人害己。

如果你已经施暴于人，哪怕只有一次，你也必须马上接受心理治疗。冲动是魔鬼，让你失去理智，如果你试图靠自己找回失控的自我，那你就太天真了。到了这个阶段，心理治疗对你来说必不可少，不容置疑，这是性命攸关的大事。

复仇，不管什么形式的复仇，都是伤人伤己的双刃剑。复仇让痛苦无限蔓延，将犹疑的恋人推得更远。除了逞一时之快，复仇路上永无胜者。

第四章　　对方越坏我越爱

每个人都有自己的难处，但是他太惨了。我以为只要拉他一把事情就会好起来。现在看来我就是个傻瓜。

——娜塔莉

执迷者很容易被那些"问题人物"吸引：找不到工作或是不愿工作的人，夜夜宿醉的酒鬼，戒毒所里的常客，骗子，有慢性或严重性功能障碍的人，甚至是虐待狂或者逃窜中的罪犯。

不管情况多么糟糕，这些执迷的人依然相信自己能拯救对方。他们相信只要有足够的付出，就一定能挽救情人于水火之中。我把这种强烈的信念称作"救世主情结"。

"救世主"这个词对很多人来说包含着宗教情怀，对另外一些人来说则意味着力量、崇高、美德、慈悲。世界上的人形形色色，"救世主"这种角色最唯美浪漫。

有"救世主情结"的执迷者的日常生活是处理对方制造的各种问题。他们相信一旦解决了这些问题，"问题人物"就会华丽转身，变成他们的"完美情人"。

你有"救世主情结"吗？

如何确定你是否有"救世主情结"呢？请做下面的小测试。请记住，偶尔帮助伴侣并不是错，你我都有需要援手的时候。但是，如果对方的各种问题已经成为你生活的主题，或者只有你在为这些问题努力，你的伴侣丝毫没有担当，那么，你真的就是一个烂好人。

你觉得你可以改造自己的情人，即使……

1. 你的情人总是需要你用撒谎或掩盖事实的方法替其开脱，以此来保护他／她。

2. 你的情人反复需要你帮忙解决财务危机。

3. 你的情人多次向你借钱，只借不还。

4. 你的情人在家庭背景、工作经历和婚姻状况等方面对你进行欺瞒。

5. 你的情人多次欺骗你。

6. 你的情人酗酒或吸毒。

7. 你的情人沉迷赌博。

8. 你的情人对你施以言语、情感或是身体上的虐待。

9. 你的情人常有法律纠纷。

你经常……

1. 试图劝你的情人去进行心理咨询。

2. 尝试让你的情人戒酒、戒毒或戒赌。

3. 试图让你的情人去找一份工作。

4. 帮你的情人克服性功能障碍。

5. 因为没能帮你的情人做更多而心怀愧疚。

6. 试图让你的情人看到，如果他 / 她能够改掉那些坏习惯，生活会有多么美好。

以上描述的状态，就算只有一条与你相符，那么你也很有可能是一位有"救世主情结"的恋人。毫无疑问，你发现自己变成了对方的保护伞，替他 / 她收拾各种烂摊子——财务问题、生理问题、情绪问题或者各种不良癖好——尽管这些问题不是你能解决的。你将大量的时间和精力投入这个无底洞，换来的只有心力憔悴和一败涂地。

爱上"问题先生"

娜塔莉，四十三岁，历史学家，在洛杉矶的一所公立中学工作。她在一段感情里疲惫不堪，无论是物质上还是感情上都付出太多。第一天参加心理辅导时，她用平静、温和的倾诉掩饰着内心的焦虑。

娜塔莉

我希望他赶紧离开，这男人有毒。借给他的那些钱我也不打算要了，只要他离开，我就会好起来。但我无法狠心抛下他不管，我们早已连为一体了。

两年半前，娜塔莉发现丈夫出轨，于是离婚。之后她和一位已婚同事断断续续维持了两年地下情，因被对方妻子撞破而尴尬收场。大约一个月之后，她遇到了里克。那是一场午后电影，里克坐在她后

面，正好他们都是一个人。电影散场后，他们一起出去喝咖啡，就此
展开了一段新的恋情。

娜塔莉

那几乎是我人生中最潦倒、最灰暗、最绝望、最孤独的一段时
间，我真的想有人陪着我。他出现了，漂亮的金发，湛蓝的眼睛，
三十五岁，就这么忽然闯入了我的生活。他不在意我大他八岁，这让
我感觉很好，想时时刻刻都跟他在一起。

里克的经济有些问题，没有钱付公寓租金。里克告诉娜塔莉，因
为他供职的上一家公司倒闭了，没有付最后一个月的工资，所以他才
囊中羞涩。现在，他正在争取一份贝弗利山的奔驰经销店的工作。娜
塔莉便让里克搬进自己的家，住在另外一间卧室，想暂时帮他渡过难
关。不幸的是，娜塔莉很快发现里克的问题太多了，经济问题只是冰
山一角。

问题的无底洞

里克和娜塔莉的关系看上去进展得很快，但是里克对她从来没有
冲动，这让娜塔莉很疑惑。

娜塔莉

第一次约会的时候，我以为他是因为害羞。他从来不主动亲近
我，有时候会轻描淡写地一吻，但也仅止于此。这让我很抓狂。当他
搬来跟我一起住后，我告诉他想要更亲密一些，但他却更矜持……这
让我对他的欲望更强烈了。

尽管热辣的性爱是大部分执迷恋情的核心，但里克无动于衷。这让娜塔莉烦恼，也让她心痒难耐。她一天到晚都在思考里克清心寡欲的原因，想要改变他。

娜塔莉

有一天晚上，我们租了《体热》躺在床上看，渐渐地我有些情动，开始解他的衬衫纽扣。他似乎特别不情愿，我终于爆发了，问他到底是怎么回事。他说非常抱歉，现在经济压力太大，焦头烂额没有心情。他在贝克斯菲尔德买了一套公寓作为投资，现在却没钱还分期贷款。他把这个公寓租出去了，打算用租金还贷，结果租户是个混蛋，已经半年没付租金。他想去赶走这个白住房子不给钱的家伙，车却坏了，离合器出了问题，修车要八百美元，他支付不起……我听了之后很心疼，不忍心看他落魄至此，想帮帮他。

里克越是跟娜塔莉诉说他的经济困境，娜塔莉就越可怜他。在同情心的驱使下，娜塔莉不假思索地借钱给他修车，根本没考虑他有没有能力还钱。在娜塔莉看来，里克不过是个倒霉的可怜虫，运气太差了。

娜塔莉认为总有一天，里克会变成她"唯一完美的情人"，只要帮他解决了财务危机——到时候他的性冷淡也就不治而愈了。

性的拯救者

娜塔莉以为借钱给里克后，他们的关系可以升温一点了。但是他们之间依然什么都没发生。她决定主动出击。

娜塔莉

我试着勾引他，但结果太令人失望了，他只是瘫在那儿毫无反应。我想："好吧，他还没真正拥有过一个女人，一个像我这样有经验、这样主动、这样好的女人。既然他还青涩，那就由我来教他吧，我会让他看到，床笫之私是多么美妙的事情！到那个时候，展现在我们面前的将是幸福甜蜜的新生活。"我做了各种尝试——我是说，能想到的方法全用上了，但还是没法调动他的性趣。我又开始感到愧疚，我怕他会因此不自信，这太糟糕了。但是我不会放弃的，相信下一次我会做得更好。

娜塔莉将里克的性功能障碍归咎于他的经济压力。里克到底有多少问题，问题严重性如何？娜塔莉显然还不甚了解。但她毅然承担起帮里克解决困难的任务，视帮里克解决财务困难、唤醒他的"性致"为一项个人挑战。这也是娜塔莉耐着性子忍受这段无性恋情的动力所在。

娜塔莉

他从来没有主动过，我们也常常做爱，但我得费老大劲去刺激他，你知道的，用嘴巴让他兴奋起来。当我们实际上……是当我让他进去的时候，他才会碰碰我。而且为了勃起，他得捏着我的乳头又掐又拧，我不确定，兴许他以为这样能让我兴奋，但是随后他就一声不吭地结束了。我不停地劝自己："我得由着他这样做，因为这是他唯一想做的，总得有个开始，他感觉怎样好就怎么来吧。"有时候我真的很疼，但只要他喜欢，怎样都行。

娜塔莉像一名殉道者，献上自己的幸福，希望能解决里克的性缺陷。对于她来说，无法获得满足，屈辱感，甚至忍受疼痛都微不足道，只要能换回一个性功能正常的情人，怎样都是值得的。

我问娜塔莉，为什么不劝里克去接受治疗？娜塔莉回答说她担心会惹恼里克，劝他治疗言外之意就是说他有病。再说了，当娜塔莉坚信自己能够拯救里克的时候，他又何苦去求助于医生？

游走在灾难的悬崖上

娜塔莉帮助里克解决性缺陷和经济困境的努力，就像想要拿一把扫帚扫干海水一样，机会渺茫。

娜塔莉

事情在里克身上，真是没有最坏，只有更坏。他最终准备卖掉贝克斯菲尔德的公寓，却发现租户把房子糟蹋得面目全非，地毯、窗帘需要重新买，墙面需要重新粉刷，到处都需要维修……电话里我听出来他特别低落。如果不能重新修缮房子，他就没法卖，可他没钱去维修，他已经破产了。我知道这需要一大笔钱，但我还是告诉他，回家吧，我们一起想办法。

娜塔莉像所有有"救世主情结"的执迷恋人一样，因为情人而被卷入麻烦的旋涡。里克是一个典型的渣男，总是游走在灾难的悬崖上，不是离合器坏了，就是刹车出问题，一会儿要维修房子，一会儿又被债主追账。要是他终于出去工作了，过不了多久就跟老板闹矛盾。他一年到头入不敷出。但他不认为这是自己的问题。里克的解决之道就是借助娜塔莉这个保护伞，去躲避整个世界对他的嫌弃，似乎所有人都背叛他、利用他、挫败他。里克根本没有想过，也许他正在背叛娜塔莉，利用她、给她制造各种麻烦。

很难理解是什么在支撑着娜塔莉，她到底在这段感情里得到了什么？

在这段感情里，娜塔莉的情感需求完全被忽略了，无论是里克还是娜塔莉自己，都没把她的感受放在心上。她心里怎么想的，她需要什么，在里克那层出不穷的麻烦面前，都显得微不足道。

娜塔莉忍受着一种特别痛苦的孤独感：身处一段恋情之中，却几乎什么都得不到。所有的执迷者几乎都是如此，爱着的那个人分明就在身边，心却遥不可及。娜塔莉跟里克同住在一个屋檐下，却感觉好像被抛弃了一样，在感情的世界里，她总是得不到爱、支持和欣赏。

一个爱无能的情人，就和关上心门弃你而去是一样的。相互给予，又彼此收获，分享感受、思想、梦想和经历，点点滴滴的交织造就亲密的关系。在健康的爱情中，这种相互交流也会随着每天的压力变化而受到影响，毕竟谁也不可能一天二十四小时都在谈情说爱。但是，对于有"救世主情结"的执迷恋人，得不到爱是生活的常态，而不是例外。

贪得无厌

当里克从贝克斯菲尔德回来，娜塔莉心里着实没谱，这一次又需要多少钱、多少心力才能解决里克的新麻烦？

娜塔莉

他需要七千美元去修缮公寓，我说拿不出这么多钱，他就抓狂了，开始嚷嚷着为什么他这么倒霉，生活总是折磨他。他觉得我是唯一一个陪在他身边的人，我是他唯一的指望，可现在连我都不管他，他无依无靠了。他越是抱怨，我越是难受，最后实在是受不了。我发现他一难过我就会内疚，最后我拿信用卡借钱给他。

　　当里克意识到，娜塔莉的同情心和母性还不足以让她为自己做出巨大的牺牲时，他又放大招了：罪恶感。他让娜塔莉感觉自己有罪，他的惨状是娜塔莉的错，因为在他生命中最灰暗的日子里，娜塔莉弃他不顾。他根本不记得娜塔莉的付出，为他提供栖身之所，帮他度过一次又一次的财务危机，在他低落的时候陪伴他安慰他，忍受痛苦的、根本无法满足的性爱——当真贪得无厌。

　　对于娜塔莉这样坚定的"救世主"来说，罪恶感是不能承受之痛。娜塔莉逃不出里克的五指山，唯一的办法就是给他钱。帮里克解决层出不穷的难题成为他们的生活模式，一种透支她的经济、情感和性爱的生活模式。

放不下的骗子情人

　　执迷恋情使娜塔莉困在了里克那些五花八门的麻烦里。而黛布拉则落入骗子的圈套中。

　　黛布拉在一家广告公司担任业务经理，金发碧眼，聪明又活泼，很招人喜爱。黛布拉在业务上精明能干，可在个人感情方面却轻率糊涂。

　　黛布拉遇见哈里的时候四十七岁，已经离婚五年了，三个孩子也已经长大成人。那时黛布拉和大学好友戴夫一起在一家码头餐馆聚餐，等位的时候遇到了戴夫的熟人哈里。用餐过程中黛布拉和哈里挺聊得来，饭后哈里就邀请黛布拉去岸边散步。

黛布拉

记得刚认识的时候，他像电影明星一样迷人，很会引我说话。每次问到他的情况，他都能不着痕迹地把话题转到我身上。记得那时我想："这很有趣，终于有人对我感兴趣，想要了解我了。"那晚在码头，我们聊了一路，高跟鞋磨得我的脚跟很疼，但我心里还是期望这条路再长一点。当我们回到停车场，他跟我玩了个小游戏，不告诉我哪辆车是他的，也不告诉我他从事什么职业。他只是说："那些都不重要，重要的是我们对彼此的感觉。"我被他打动了，给了他我的电话。等回到家我才意识到，我完全不知道他住哪儿，有没有结婚，有没有孩子……关于他我什么都不知道。他似乎很神秘，但很吸引我。

哈里连最基本的信息都要隐瞒，这是一个危险的信号，但黛布拉已经意乱情迷，丧失了判断力。黛布拉本应该严重怀疑他的人品、诚实度和他的生活状态，但却选择用一些浪漫字眼替他开脱，什么"神秘""刺激"之类。黛布拉对哈里的外在深深着迷，不允许丝毫的疑虑破坏她心目中的美好形象。"救世主情结"一旦萌发，第一个吞噬的就是判断力，在所有的执迷爱恋中都是如此。

真相大白

第二天哈里打电话约黛布拉去海边，驾车前来接黛布拉。当黛布拉看到他的车时震惊了，那是一辆有十五个年头的雪佛兰，引擎盖锈迹斑斑，保险杠坑坑洼洼，车里面也是破破烂烂。

黛布拉

看着那辆都快报废的车，我惊呆了！我是说，他的言谈、穿戴看

072 / 073

上去像个成功人士。他肯定是觉察出来我的反应了，先开口说："这车是借来的，我的玛莎拉蒂被人追尾了，维修得花上一个月。"听着还挺在理，但是送我回家的路上，他让我从储物盒里抽几张面巾纸，我看到这辆车登记的车主是他本人。我感觉有点难过，但我知道他肯定是觉得窘迫，为了给我留下好印象才那么说的。

追求阶段或恋爱伊始，为了给对方留下好印象而稍微夸大其词或是粉饰自己不算过分。但是哈里关于汽车的说法是一个彻头彻尾的谎言，黛布拉应该警醒。

一段感情开始的时候，我们会从一些线索去了解对方的真实人品和性格，可一旦被"救世主情结"左右，所有关于线索的解释都变成了掩饰——不管对方的谎言多么蹩脚。

随着交往的深入，哈里有时会在工作时间去找黛布拉。这让黛布拉很疑惑，这个时间他为什么没有在工作？当她问哈里的时候，他的回答是，他是做房地产投资的，现在有几笔交易在托管，直到其中一个结束之前他都有大把的时间。

黛布拉

他从来不花一分钱，约会总是在我家吃饭，我下厨做饭，然后滚床单。只要看见他的身体，我就会难以置信地悸动。他真的很会调情，把香槟倒在我身上，慢慢地舔。有时还会带一些芳香精油，花上几个小时慢慢抚触……那简直是天堂。但私下里我常常疑惑，为什么我们从来不出去呢？一个晚上，我终于提出了疑问，他有点尴尬，解释说自己所有的现金都投进那些估价数百万美元的房产项目里了，一时间收益无法落实。在项目度过延滞期之前，他都得守着巨款却无法开销。雪上加霜的是，他每个月要支付超过两千美元的赡养费给前妻和孩子。这是我第一次听他提起前妻和儿子，但我挺开心："至少他开始向我敞开心扉了。"

哈里的描述漏洞百出，黛布拉选择相信。像所有有"救世主情结"的执迷者一样，黛布拉对情人的谎言视而不见。在她心目中，建立信任的关系更为重要，她生怕给哈里留下不好的印象：多疑、刻薄、缺少爱和被爱的能力等。

此后，黛布拉多次发现哈里的小伎俩。比如，哈里没打招呼就刷了她的信用卡，事后说自己本来准备说的，但是"一不小心给忘了"。还有一次，她发现电话清单上有一些打往哥斯达黎加的冗长电话，哈里不承认是他打的，尽管他曾经跟她提起过他有一位好友在哥斯达黎加。具体到一件件小事，好像他不过是撒了点小谎，也不是什么无法原谅的大错，但综合起来就叫人不得不警惕了。但是，黛布拉依然相信哈里，接受他所有的道歉。

哈里把前妻描述成一个贪婪、无情、粗俗的女人，自己则是曾经生活在魔爪下的受害者。哈里还说自从离婚后几乎不敢再相信女人了。黛布拉非常同情他，觉得必须抚平哈里的感情创伤，证明不是所有女人都像他前妻一样。

黛布拉

他表示很抱歉没钱带我出去消费，我告诉他谁花钱并不重要，几乎都是求着他让我买单。最终我们去了一些地方，他玩得很开心，我觉得很有成就感。我极力向他证明我不在乎钱只在乎他，我不是他前妻那样自私的心机婊。

对于黛布拉来说，哈里是婚姻战场上受伤的战士。她要为他疗伤，然后幸福地生活在一起。带他出去吃饭只是个开始。几个月后，黛布拉让哈里搬进了自己家，这样可以帮哈里省下一笔房租。又过了一个月，她坚持借给哈里六千美元，帮助哈里支付逾期的赡养费和抚育费。

黛布拉

哈里的一笔投资遇到问题，需要每个合作伙伴额外拿出两万美元。他当然拿不出来，所以我提出以入股的方式替他支付。他看起来相当不好意思，挣扎良久，但想到我这笔钱并不算借而是一笔投资，是件好事，这才同意了。能为他分忧我感觉很开心，而且我也可以从中盈利。

尽管哈里层出不穷的麻烦令黛布拉的开销越来越大，但她全不在意，因为这些花费都是为了给哈里疗伤。哈里从来不开口向黛布拉要钱，他只需抱怨出了什么麻烦，黛布拉就忙不迭地双手奉上辛苦攒下的血汗钱。

飞蛾扑火

黛布拉眼都不眨地借钱给哈里，觉得一旦哈里随便哪笔生意度过瓶颈，自然就会还钱。哈里是一个活力无限的、成功的、爱她的好男人，只要帮他度过暂时的困境，他就会成为她的"唯一完美的情人"。

但接下来，她将面对的无异于晴天霹雳。

黛布拉

我在商场遇见了戴夫，说我现在跟哈里在一起，他一副难以置信的样子。我们出去喝了杯咖啡，我问他认不认识哈里的前妻。他很吃惊地说："什么前妻？哈里没有结过婚啊。"

我第一反应是："戴夫你开什么玩笑！"但他发誓说他没开玩笑。我难过极了，觉得心脏病都要发作了，开始大喊大叫："这怎么可能！哈里每个月要给他前妻和儿子两千美元的赡养费！你都不知道你在说什么！你知道你在说什么吗？你怎么可以开这么残忍的玩笑……"我嚷嚷着再也不想看见他了，哭喊着跑了出去，到现在我都记得戴夫一脸的震惊和迷惑。

戴夫丢下的重磅炸弹几乎摧毁了黛布拉的世界。相信戴夫就等于承认哈里在骗她。但是她"唯一完美的情人"是不可能说谎的。像很多执迷的恋人一样，有"救世主情结"的执迷者拒不承认现实。

黛布拉冲戴夫发火是想转移自己的痛苦，这种痛苦是她难以承受的。如果哈里关于前妻的说辞是谎言，那么他的爱、他的依赖、他的想念有可能全是谎言，包括他的生意也是一个圈套。她不敢细想，这太可怕了！为了不让自己的世界崩塌，她转而向戴夫发火，就像古代的帝王怒杀前来传递坏消息的信使一样。

黛布拉

我都快疯了，回到家的时候，哈里正悠闲地躺在泳池边，一副玩世不恭的模样，品着冰镇果汁朗姆酒。我把戴夫的话告诉了他，求他告诉我实情。他恳请我原谅他，并向我坦白：他确实没有前妻和孩子，也没有拖欠赡养费，这么做是为了弟弟。他的弟弟因盗窃被捕入狱，需要六千美元保释，他担心如果我知道这件事就不会帮他了。我告诉他，我很伤心他不够信任我，不告诉我事情真相，我爱他，我们需要重新开始，没有谎言、没有编派、没有欺瞒。

　　当黛布拉直面哈里的时候，她以为她想要事实真相，但其实她真正想要的是要哈里帮她重拾破碎的信任。所以她愿意接受哈里越来越离谱的解释，她需要哈里带她远离痛苦和恐惧，向她证明他们的爱情完好如初。再一次的，哈里如她所愿。

黛布拉

　　他发誓，从今以后再也不说一句谎言。然后我们抱头痛哭。我没想过赶他走，然而第二天早晨睁开眼，我发现他已经走了。

　　黛布拉再也没见到哈里，当她仔细查阅她的房地产"投资"时，发现合同上的项目根本就不存在。她确实是掉进了一个精心策划、环环相扣的大骗局里。黛布拉统计了这一段时间花在哈里身上的钱，超过了三万美元。即便这样，比起她付出的感情，金钱不值一提。

　　一个星期后，我和黛布拉一起吃午餐，彼此分享最近发生的事。在此之前我们见过好几面，我却一点都不知道哈里的事。因为她有意识地对我保密。"救世主"们通常都选择袒护他们的混蛋情人，替他们找借口，替他们遮羞。

　　黛布拉跟我诉说这段经历时泪如雨下，她哽咽道："苏珊，我是一个聪明的女人，怎么能让这种事情发生在自己身上呢？"我劝她不要再责怪自己，她不是第一个被欺骗的聪明人，也不是最后一个，是"救世主情结"让她成为骗子眼中的绝佳目标。

　　最近一次见到黛布拉，她看上去好了很多，能笑着说自己"花钱买教训"了。她开始重新攒钱，但在感情方面她还需要很长时间疗伤。

人渣的诱惑

哈里像一场飓风席卷了黛布拉的生活，来去匆匆只留下凌乱和伤害。他无情地利用黛布拉，被揭穿后立即撤退去搜寻下一个猎物，干净利落。

遗憾的是这个世界还有很多哈里之流。他们有迷人的外表，内里却缺乏或者根本没有良心，从不反省自己给别人造成的伤害，换着花样玩弄他人于股掌之上。临床上称这类人为"反社会病态人格"，俗称人渣。这类人通常都有一个共同特点：贪财。

反社会者通常具有飘忽不定、迷惑、忧郁、性感以及巧言令色等特点。他们巧舌如簧地说着深情款款的浪漫承诺，听上去每一个字都发自肺腑，但其实一切都是为了骗钱。

反社会者长期撒谎，善于操纵他人。他们在生活中处处制造痛苦，无论是在生意中还是私人情感中，谁信任他们谁就被伤害。他们自己倒是很少难过，缺乏正常的情感机制，无法感知正常的人与人之间的情感。他们更是缺少自我反省的能力，毫无道德约束。正常人在伤害了别人的时候会感到内疚和焦虑，他们视伤害他人为砍瓜切菜，对此无动于衷。

有"救世主情结"的执迷者常常和有"反社会人格"的人渣纠缠在一起，因为"救世主"是给予者，而反社会者正好是掠食者。反社会者们都有一项附加优势，就是非常懂得诱惑的艺术。不幸的是，修炼这门艺术的目的不是为了爱，而是为了钱。

大多数反社会者的行动都非常迅速，以至于受害者对他们尚且一无所知就陷入了爱情。当黛布拉让哈里搬进她家的时候，根本不知道哈里以前住在哪里，做什么工作，有什么背景。黛布拉还没来得及去怀疑哈里那些漏洞百出的故事，就对他怦然心动了。而且一旦陷入了爱情，她也不愿意去怀疑了。

如果你像黛布拉一样，源源不断地把钱借给你的情人（或者是被诱骗，一次为你的情人花了一大笔钱，无论是作为礼物、借款或是投资），那么不要犹豫了，最好是马上找律师或是财产顾问咨询。并不是说只要你的爱人向你借钱，他／她就一定是反社会者。但话说回来，在现实的世界里保护自己的唯一途径就是求助于第三方。因为少了感情的纠缠，旁观者清。第三方的介入可能会触怒你的恋人，或者威胁到你自己心里关于感情美好的构想。但钱是钱，情是情，这是两码事。

执迷于上瘾的恋人

如果遇到有毒瘾或酒瘾的恋人就更惨了。各种瘾症是不可能用爱情克服的！不管爱人多么富有同情心、多么苦口婆心，甚至苦苦哀求，都没法跟毒瘾或酒瘾抗衡。如果执迷者的恋人恰巧有毒瘾或酒瘾，那必然是非常痛苦纠结的感情，柯克的故事就说明了这一点。

柯克三十八岁，在一家大型电脑公司当程序员，正在戒酒。戒酒会的赞助者带柯克来接受咨询，他担心柯克的情人洛丽塔会把柯克再度带回过去的生活方式。洛丽塔有严重的毒瘾和酒瘾，而且完全无心去改变自己糟糕的生活。

洛丽塔跟柯克分分合合两年了，她会搬到柯克家里去住一两个月，然后又搬走，连个招呼都不打。接下来几个月洛丽塔音讯全无，然后忽然有一天她又出现在了柯克的门口，而且必定是惹上了各种麻烦。柯克前来咨询的时候，洛丽塔住进他家不过几个星期，而且已经又闹着要离开他了。

柯克

我像住在地狱里一样，她之前说上周六要搬走，但现在已经过去五天了，不知道她是否还要离开，也不知道她会不会留下来。我真的很想她留下来，很想她过上正常的生活。这个女人快把我逼疯了。

十年前，柯克因为酗酒离婚，妻子带着四个孩子搬到遥远的佛罗里达州。遇到洛丽塔之前，他经历了几段蜻蜓点水般的感情。每当对异性动心时，离婚的痛楚就会涌上心头，让他在新恋情面前望而却步。直到有一天遇到了洛丽塔，一切都改变了。洛丽塔当时在他办公室附近工作，是一个档案管理员。

柯克

有一天我的车出毛病了，我知道她就住在我家附近，就问她能不能顺路载我回家。到了家，我邀请她进屋喝一杯，她答应了。我浑身脏兮兮的，所以说要先去冲个澡，当说出这句话的时候我忽然有了感觉，于是问她要不要和我一起，她答应了。我们在沐浴时做爱，然后嗑药，更加疯狂地做爱。就这样，我爱上了她。接下来的十天里，除了上班、吃饭、喝酒，我们都腻在床上。

柯克和洛丽塔的关系是酒精、毒品和欲望催生出来的，根本不现实。这种关系简直是为执迷恋情量身打造的。

不一样的理想化

大部分执迷者会自我催眠，采用理想化的方式忽视恋人的缺点。可有"救世主情结"的执迷者很清楚对方的缺点或糟糕的生活方式，但依旧义无反顾。

柯克

她嗑药又酗酒，但我不也是这样吗？我是说我有什么资格去评判她呢？而且，我知道她其实是一个好女孩，非常多愁善感。记得有一回我拍死了一只蜘蛛，她因为这个很难过。我知道她就是我的完美女孩，长得漂亮，知道怎样让我燃烧起来，我彻底为她着迷了！然而十天之后她消失了，把所有的东西都拿走了。我的心都碎了。

柯克好像长了透视眼，觉得自己可以透过洛丽塔糟糕的外在看到她善良美好的本质。柯克不在乎洛丽塔嗑药酗酒，但是她离开的时候连个招呼都不打，说明她根本不在意柯克的感受。而且，她也不再去工作了。即使她这么显而易见地堕落，也不影响柯克对她的迷恋。

柯克没有把眼前的洛丽塔理想化，但把将来的洛丽塔理想化了。他下定决心去追求洛丽塔，改造洛丽塔。

柯克

我从她公司的人事部找到她父母的地址，去了她母亲的家，又去了她父亲的家。他们很早就分居了，但说辞却很统一："她不在我这儿。"白天我傻傻地守在她爱去的甜甜圈店，夜里不知道痛哭了多少回。我开始用酒精麻醉自己，上班总是迟到，或者干脆请病假。很快老板发现了，他告诉我要么去戒酒互助会，要么离职。

柯克认认真真地参与了戒酒互助会，每周参加四次活动。但是，几个月后洛丽塔又回到了他身边。

柯克

她出现在我家的门阶上说："我需要一个住的地方。"我问她都去哪儿了，她说如果我想当警察盘问她，她就回自己车上去睡。所以我赶紧说："好吧，来跟我住吧，但是别再酗酒了。"她说"好"。

洛丽塔住进了柯克家，当晚就开始喝酒。养了洛丽塔几个月后，柯克劝洛丽塔跟他一起去戒酒互助会，但是洛丽塔拒绝了。

柯克

我从戒酒互助会里得知，如果一个人不想改变，别人是帮不了他的。可我没有放弃尝试。

她没有工作，哪里也不去。我试图劝她重新出去工作，但是她无动于衷。我在报纸上圈出招聘启事摊在床上，但这只会触怒她。她大声尖叫，骂我只想要操控她的生活。

柯克以为只要用心照顾洛丽塔，她终会爱上自己。但是洛丽塔把柯克的"帮助"看作是侵犯她的自由。是的，她是依赖柯克，但这种依赖让她憎恨，让她挣扎，柯克对她的照顾正说明了她有多失败。

有"救世主情结"的执迷者和"问题情人"之间的关系是爱恨交织的。"问题情人"索取得越多，"救世主"们越是觉得被依赖。可是如果"救世主"对于伸出援手有所迟疑——就像里克有一回需要一大笔钱，而娜塔莉一时承担不起——"问题情人"就会生气，认为自己被抛弃了。"救世主"若以正常方式伸出援手，"问题情人"也会生气，认为自由受到干涉。"救世主"怎么做都不对。

尽管洛丽塔发了火，柯克还是坚信只要爱她、照顾她，渐渐消除她的抗拒心理，他们终会走到一起，幸福地生活。

柯克

　　我知道应该赶她走，但我这辈子、下辈子、下下辈子永远永远都不会那么做，我是她唯一的机会了。她偶尔会为我下厨，而且在床上非常棒。但是我承担所有的开销，房租、买烟、加油、吃饭、看医生……我还得给她买酒，我怕要是不买，她就会离开我。我疯狂地爱着她，但是入不敷出，越来越难以支撑了。而她正缓缓地跳着死亡之舞，喝酒越来越多，越来越肆无忌惮。

　　洛丽塔酗酒、吸毒，柯克没有阻止她，反而给她买酒。成年人首先要自立，自己对自己负责，而柯克的帮助却向洛丽塔释放出一种信号：你不用自己努力，我会为你做一切事。柯克允许洛丽塔依附他而生存，正因如此，他实际上是在加快洛丽塔作死的步伐。

　　柯克眼中只有洛丽塔，而洛丽塔眼中只有酒和兴奋剂。柯克知道自己算不上是洛丽塔的最爱，但他仍然傻傻地相信自己能够打败两大劲敌。很多"救世主"以为一腔爱意终能感天动地，劝得他们的心上人放下毒品或酒瓶，但酒瘾或毒瘾是非常复杂的，而且异常顽固，只有当事者拿出极大的决心和勇气去改变自己才能戒掉。除了自己的决心，谁也帮不了他们。

　　因为洛丽塔的酒瘾和毒瘾，她和柯克的生活都被搅得一团糟。早晚有一天，"救世主"也会被逼到无路可退，柯克终于忍无可忍爆发了。

柯克

　　我厌倦了没完没了的账单，也厌倦了她喋喋不休的抱怨。我的钱已经花光了，爱已经耗尽了，同情心也已经消磨殆尽了。我们只剩下互相埋怨，互相指责，我受够了！于是我决定启用黄金准则，就是谁有黄金谁说了算。我跟她说："你看，一直都是我花钱，我再不能拿钱打水漂了，你该走了。"第二天她就收拾好了自己的东西，叫来几个狐朋狗友，把行李往小皮卡上一扔，扬长而去。我以为解脱了，然而心情却好不起来。

柯克显然没有他声称的那样坚强，不对等的爱让他失落伤心。"救世主"总是被利用、被消耗、被榨干，所以也不奇怪很多"救世主"到最后都选择了放弃。但不幸的是，"放弃"这个正确的决定往往难以执行下去，"救世主"很难全身而退。

救赎的代价

柯克的爱也许可以耗尽，但他依旧执迷。

柯克

她离开的第一个夜晚，我觉得非常难熬，睡不着，五分钟就得去一趟洗手间。我胃疼，手心出汗，因为自责而头疼欲裂，不知道她离开我后会遭遇什么。一想到她无依无靠，我就被深深的罪恶感吞噬，开始后悔让她离开。几天后，我去找她，但她早不知到哪儿去了。我的戒酒帮扶者劝我就此放手，我忍不住冲他发火，让他滚，去他的戒酒互助会。当他找到我的时候，我已经灌下几瓶威士忌，不省人事了。后来，我在醒酒病房里醒来。

柯克跌入了谷底，在他的意识里，是他把洛丽塔丢进了狼窝。他自私、冷漠、残忍。好不容易英明睿智了一回，断绝和"问题情人"的来往，他却付出了高昂的代价：充满罪恶感，深深地自责。这是所有"救世主"的困境：

对自己越好，感觉越难过。

尽管柯克做了对自己来说最好的选择（也许对洛丽塔来说也是最好的选择），但是柯克自己却不这么认为。

慢慢地，柯克又回到了以往的生活节奏，开始适应没有洛丽塔的生活。

柯克

接下来的几个月，我反省了自己的行为，又回到了戒酒互助会。我还和一起参加戒酒的女士约会，相处甚欢，开始努力工作，弥补和洛丽塔一起时的损失……但我还是忍不住会想她。很快，她又回来了，向我要一百五十美元救急。我给了她钱，但是我说她简直像个妓女。她当时特别难过，承认有一段时间确实去好莱坞大道拉客，但招来的总是警察。她看上去大不如前，吸食了太多毒品，看上去非常憔悴，让人痛心。她很害怕再回到大街上拉客，所以我又开始养着她。接下来就像我预想的那样，她搬回来住了。但这次我不但养着她，还要养着她的狐朋狗友，给她钱……我除了不再喝酒，还能保持清醒，其他的又回到最开始的状态了。

柯克没有意识到，尽管他试图清除生活中洛丽塔的阴影，但因为他对洛丽塔的执迷之爱，以及他希望自己"被需要"，使他非常容易被影响。柯克以为时间和距离足以让他渐渐忘却洛丽塔，可这不过是痴心妄想。可想而知，只要洛丽塔回来，只要洛丽塔勾一勾手指头，柯克就立刻把他的新生活抛在脑后，甘愿为洛丽塔鞍前马后。

很多执迷恋情，尤其是"救世主"和"问题情人"模式的恋情，都结束过不止一次，而是很多次。分分合合，让人心力交瘁。

如果你是一位"救世主"型的恋人，而你意识到了对恋人的奉献应该有底线，或者你想退出那种不健康的感情，那么非常重要的一点是：千万不要盲目相信自己已经走出来了。尽管理智上认为再也没有回头路了，可大部分"救世主"都没法拒绝 "问题情人"再度闯入他们的生活。

力量的失衡

"问题情人"最擅长玩弄 "救世主"的罪恶感、同情心、善意。洛丽塔知道柯克不忍心看她去站街，穷尽所有也要帮助她，她已经抓住柯克的软肋了。哈里利用黛布拉的执迷之爱，将她诱进谎言编织的大网，熟练地操控她的思维，让她主动慷慨解囊。里克靠的是诉苦，只要表现出很低落的样子，娜塔莉就忙不迭地敞开心扉，同时也敞开钱包。

"救世主情结"的悖论就是，"问题情人"们看上去软弱又无助，但实际上他们才是操纵者，他们掌握着感情的主动权。相反，"救世主"貌似是掌控者，但实际是感情的傀儡，慢慢被恋人的需求榨干。

被"救世主情结"操纵心弦的时候，执迷者很难拒绝恋人的需求。但是这种反复营救、无节制付出的模式是可以摆脱的，在本书的第三部分，将告诉大家走出"救世主"角色的方法。

2

第二部分

被执迷者爱上的三种人

第五章　协同执迷者

这段感情快把我折磨疯了，我已经分不清是爱还是恨了。

——凯伦

　　如果恋情出现问题，那么感情的双方都有责任，所谓一个巴掌拍不响。但是对于很多被执迷者盯上的"目标"来说，这样的评判不尽合理。有些人没有意识到对方执迷于自己；有些人根本都不回应执迷者的追逐；更有一些人在恋爱过程中发现对方开始变得执迷，于是他们非常明确、果断地提出结束关系。这些人是非自愿地卷入了执迷恋情，他们不享受执迷恋情，也不想要执迷恋情。

　　但是有一部分"目标"沉迷于对方的执迷爱恋。他们的行为不仅没有阻止对方的执迷，反而鼓励对方变本加厉。实际上，这些"目标"本身也有一些潜在的执迷情结：追求激情和刺激，害怕被抛弃，内心极度空虚。我将这类人称为"协同执迷者"。

协同执迷的恋情

在协同执迷的恋情里，执迷者和"目标"之间的界限已经模糊，凯伦和雷蒙德为我们提供了一个典型的例子。

凯伦是一名专业的电影电视舞蹈演员，雷蒙德是一位电影摄影师。在一个电影片场，凯伦一下子被雷蒙德酷似明星的长相吸引了。

他们有太多的相似之处：都是三十二岁，都是独生子女，家乡都在芝加哥，目前都单身，都结过婚——雷蒙德曾有过五年婚姻生活，凯伦有过七年婚史——而且都离婚好几年了，没有孩子。

离婚后，雷蒙德经历过几段恋情，但都没能维持几个月。凯伦也是如此，离婚后就没有正式恋爱过，"他们总是看上去越来越不耐烦，然后就离开了"。这个问题在她和雷蒙德之间没有出现。

凯伦和雷蒙德的感情像暴风骤雨般地开始了。除了一致认为深爱对方之外，他们的意见就再也没有统一过，而且争吵似乎成了他们之间的小情调，让他们的性爱更加升温。接下来的两年里，他们一直生活在吵吵闹闹之中，有的时候凯伦厌倦了争吵，提出要跟雷蒙德分手，但是他们已经建立了牢固的感情纽带，雷蒙德总是能劝得凯伦回心转意。

一次闹分手后，凯伦坚持让雷蒙德跟她一起去参加心理辅导，并以此作为和好的条件。凯伦希望专业的心理咨询能够帮助他们走出分分合合的怪圈。当他们来咨询的时候，看上去都非常迫切地想要摆脱之前破碎的关系，建立稳定、健康的爱情。

凯伦

我内心很挣扎。因为他干涉我的时候，我感到窒息和压抑，也会因此发火，但是我们又非常爱彼此，我知道遇见他是多么幸运的事情，我需要他，我不能没有他。

　　凯伦内心的挣扎是所有协同执迷者的通病。她的优柔寡断加剧了雷蒙德的不安全感，使得雷蒙德的占有欲更加强烈了。

雷蒙德

　　每一次她说完"分手"就将我踢出家门，过了几个星期又改主意了，这简直快把我折腾疯了。我一直那么爱她……这实在太痛苦了。我们总是吵得天翻地覆，然后再和好，一会儿上天堂，一会儿入地狱，反反复复。我一直想要更多的爱，她一直在后退，就是不给我足够的爱，于是我就更加急切了，我们为此整天吵架。我们的关系就是这样，绝大多数时候都是为爱而斗争，就好像是她的病引发我的病，互相传染。

　　凯伦和雷蒙德这样分分合合的模式在协同执迷者之间很常见，都是在一起日子没法过，离开又简直没法活。这样的关系注定是痛苦的，令人疲惫的，难以白头偕老的。

你是协同执迷者吗？

　　你是一名协同执迷者吗？下面的这个清单可以帮你判断。清单里描述了协同执迷者们的典型特征。

　　1. 你是否在激情和压抑之间反复摇摆？
　　2. 你有没有对你的恋人一会儿爱慕一会儿厌恶？
　　3. 恋人的强烈感情是否让你既享受又反感？
　　4. 你们关系的刺激和不确定感是否令你感到兴奋？
　　5. 当你想要站出来维护自己在恋情中的权益时，你是否有罪恶感？

　　以上问题只要你有一个回答为"是",就极有可能是一位协同执迷者。身处过山车似的大起大落的感情中很难看清楚自己的行为,无论你是主动的还是被动的,在实际意义上都是鼓励对方的执迷。

当激情遇到压抑

　　对于协同执迷者来说,执迷的激情无异于一把双刃剑,既诱人又危险。执迷恋人张扬的感情和浪漫让他们感到刺激,但执迷恋人的反复无常也让他们倍感压抑。

凯伦

　　他打给我的第一个电话几乎是绝望般的急切,他想要见到我,立刻、马上见到我,每分每秒都要看着我。我的邮箱里每天都有他的情诗,一天要给我打好几通电话,常常送我鲜花。我被他吸引了,在床上感觉也非常好,我喜欢他的热烈……我也知道有点不对头——他的爱太多、太热烈,而我刚刚从一段冷漠的婚姻中走出来。前夫酗酒、漠视我、常常出轨,所以雷蒙德的热情让我很开心。

　　不幸的婚姻和长时间没有新恋情已经严重打击了凯伦的自信,她像一个受伤的病人急切想要得到治疗。雷蒙德热切的追求恰似一味良药,抚慰了凯伦虚弱的心。雷蒙德满足了凯伦内心深处的需要,让凯伦再次感受到作为女人的美好,雷蒙德热烈的爱足以消除凯伦的不安。

　　从他们交往开始,凯伦就注意到了雷蒙德个性中让她烦扰的方面。她很喜欢雷蒙德的浪漫追求,但当雷蒙德的热情升级成强烈的妒忌时,就成了两人之间冲突的主要原因。

凯伦

在认识雷蒙德之前我有很多异性朋友，有认识六年、七年甚至十年的老朋友，我们是单纯的朋友关系，时不时聚会，一起午餐或者一起处理工作事项。但是自从雷蒙德进入了我的生活，他的妒忌随之而来。他非常妒忌我的男性朋友，如果有电话打进来他就会过来："谁打的电话？他跟你打过多少次电话了？他为什么给你打电话啊？他想干吗？"他不相信我们只是普通朋友，他想知道我每天都在干什么，跟谁一起，即使我是在工作中。我不能理解他怎么会这样。

雷蒙德

谁都知道她喜欢暧昧，这让我非常没有安全感。很多时候我问她："今天过得怎么样？"她都懒得回答。我问什么她都不回答，真他妈的把我逼疯了——原谅我爆粗口。

凯伦

我感到窒息，他总是一副一肚子委屈却说不出来的样子。我觉得应该对他好点，所以就得不停地回答他的各种质疑，事无巨细。这样逼供似的生活每一秒都让我觉得煎熬。

不论在哪种情况下，雷蒙德的"审问"都是不合适的。但在恋爱最初的阶段就这样，也算是比较极端的例子了。雷蒙德的妒忌让凯伦感到非常压抑，这种负面的感觉也影响了他们之间的激情和性爱，并且最终会破坏他们的爱情。凯伦的应对之道就是有问必答，不管合理不合理。她想安慰雷蒙德，却使得雷蒙德更加确信自己的做法是非常合理有效的。

触犯他人的底线

雷蒙德的"审问"让凯伦感觉非常不舒服，雷蒙德触犯了她的底线——她的感情、思想、欲望、需求和权利。这让她非常愤怒。

凯伦

我内心充满了愤怒，但却从来不会发火。我表达愤怒的唯一方式就是疏远。每天早晨我都一头扎进报纸里装作看报，不想跟他说话，常常工作到很晚，散步的时候也不愿牵他的手，只有这样我才觉得自己又是一个独立的人了。

面对雷蒙德的心理侵犯凯伦没有直接反抗，而是选择疏远。她筑起一道情感的墙躲在后面。其他的协同执迷者处理类似触犯底线行为的方法多是反抗，他们争论、大吵大闹、互相指责，或者干脆分手（但要不了多久又在一起了），他们相信通过吵闹能够重新夺回自己的独立空间，但是当喧嚣归于平静，他们又走上了控制与反抗控制的老套路。

通过疏远雷蒙德，凯伦觉得自己又找回了自主权。如果是在一段健康的爱情关系中的话，这样做没问题。但是，对执迷的恋人而言，"目标"越是想静一静，越是激起他们的控制欲。

雷蒙德

她走进浴室关上了门，她居然那么做，我气疯了。关上门意味着拒绝我啊，这让我很害怕。

我并不是非得要那扇门开着，要看着她在浴室里的一举一动。问题是以前她在浴室刷牙、梳头发的时候，都是开着门的，我们彼此分享那段时光。可她现在忽然要关上门，需要单独的浴室时间，我很烦这个。
我想："你就是梳头发而已，至于要这样吗？"这让我发狂。

凯伦

我心里在喊："该死的！别这样！我想要一点自己的空间！"这
个男人丝毫没有隐私的观念，在他身边我没有自己的生活，甚至不能
单独刷牙。但是我什么也不会说，只是打开了门。谁愿意大清早起来
就吵架呢？

凯伦依然迁就着雷蒙德，纵容他从方方面面侵犯自己的隐私，一
点一点地丧失了自己心理和情感的底线，这样下去等于默许雷蒙德的
执迷行为。

协同执迷者的困境

协同执迷者往往视自己为受害者，毕竟是执迷者表现出疯狂、妒
忌、无理，他们要承担主要责任。但是协同执迷者也不是完全无辜
的。至少，是他们自己选择继续被虐。

协同执迷者深深依恋着他们的执迷恋人，也沉迷于戏剧性的、激
情洋溢的爱情，所以很难离开对方，或者为自己保留底线——适当的
设限能够指引感情往健康的方向发展。协同执迷者就像是陷在了流
沙之中无法动弹。他们困惑、犹疑、自责、负罪，最重要的是与执
迷恋人有一个共同点：需要用爱情不断填补内心的情感空虚，永不
满足。

凯伦

所有的朋友都劝我离开雷蒙德，说他是一个心理不健全的人。但是我内心的空虚深不见底，需要有个人来填补，雷蒙德比世界上任何一个人都适合。

凯伦的"空虚"是一种极度深邃的感情空洞，远远超乎大多数普通人对爱和浪漫的渴望。执迷者和协同执迷者类似，任何事情——工作、家庭、朋友还是别的什么——都没法填补他们内心的空虚。

当雷蒙德走进凯伦的生活，他填补了凯伦内心的空虚。不幸的是，他带给凯伦的是糟糕的执迷，而不是健康的、滋养人的爱情。凯伦没能分辨出这一点，她对爱的渴望太强烈——那是一种从儿童时期就种下的极度渴求。

凯伦父母的婚姻状况非常糟糕。她到现在也还记得，小时候父亲只要在家就总是冲她和妈妈大吼大叫。父亲常常夜不归宿，母亲整天诚惶诚恐，害怕失去丈夫。最终，他们的婚姻还是走到了尽头，凯伦的母亲陷入极度抑郁，这种情况下，凯伦的幼年时代一直没有得到应有的关爱。

凯伦

我的父亲跟我在一起从来没有超过十分钟。我的母亲虽然在我身边心却离我很远，好像我不存在似的。她常常不是在睡觉，就是在哭泣。雷蒙德弥补了我心底的缺失，他给了我梦寐以求的爱。

我用"有毒的父母"来指代那些从情感上、身体上虐待或忽略孩子的父母，他们的行为严重损害了孩子的心理发育。尽管凯伦的父母并没有公然虐待她，但是也没有给她应得的情感关照和父爱母爱。

　　成年之后，凯伦如饥似渴地从其他的男性身上寻求爱和安全感。不幸的是她没有得到正面的引导，也没有机会学到真正的爱是什么。就像很多在糟糕的家庭长大的孩子一样，她嫁给了一个不懂爱的男人，背叛她、抛弃她。失败的婚姻严重伤害了凯伦，让她再一次感到自己不被爱、不值得被爱。所以，她对爱的渴望更加强烈了。

　　随后，她遇到了雷蒙德。她抓住这份感情就像溺水的人抓住救命稻草。

凯伦

　　我害怕回到过去，害怕曾经的空虚再度抓住我，那么彻底的空虚啊！经历过雷蒙德那样热烈的爱情之后……我再也没法回到过去了。

　　在凯伦的言谈之中，恐惧溢于言表。她把自己与雷蒙德的感情看作一种非此即彼的状况——要么忍受他纷乱的情绪，要么跌回可怕的空虚中，何其艰难的抉择。

以爱之名的妒忌

　　从恋爱开始，雷蒙德就表现出强烈的妒忌心，无休止地猜忌和指责。凯伦感到窒息，但是都默默地忍受了，就像很多协同执迷者一样，她把妒忌解释为爱的表达。

凯伦

　　我把上衣第一个扣子敞开，他就说露得太多；我要是穿开衩的裙子，他就说能看到内裤。我觉得他想让我从头到脚包起来完全属于他。我恨他这样，但又需要他这样。当他醋意大发的时候，我能感受到我对他有多重要，他是多么爱我，多么害怕失去我。这让我感到很兴奋，同时又很抓狂。

凯伦认为当雷蒙德指责她的穿着时，真正的意思是对凯伦的魅力感到恐惧。所以，凯伦将雷蒙德与日俱增的妒忌视为对她的在乎。如果不是在乎她，他怎么会如此沮丧呢？雷蒙德和凯伦一样，也将他的妒忌心浪漫化了。

雷蒙德

争吵的时候从来听不到我需要的回答，这没法消除我的疑心，所以我更急于打探。我知道我的话很过分，甚至愈演愈烈，但她还是没能给我足够的安全感。所以，我开始阻止她出门，拉扯她的手臂，或者挡在门口不让她出去。我知道这样的做法很粗暴、很疯狂，但那是因为我真的很爱她。

沉重的妒忌心和爱情根本无关，反复的审问、指责和猜疑是恋人内心没有安全感和情绪化的反应。过分的妒忌心只会破坏恋人之间的信任和亲密，而缺少了信任和亲密，真爱无法存身。

左右为难

当凯伦想要通过疏远来重新找回自己的独立灵魂时，雷蒙德就变本加厉了。她开始左右为难，想要留下来，又想要离开。她被自己的犹疑限制住了。当断不断，必受其乱。凯伦没能理清纷乱的思绪，反而陷入进退维艰的泥潭。

凯伦

我已经麻木了，想要分手又不愿分手。我以前和他分开过，但是都没用。只要他使劲追求，我肯定会回到他身边。而且，我其实是想回来的，因为心里那个空洞还敞开着。我不知道该做什么，所以干脆什么都不做，就像个傻瓜似的随波逐流。

协同执迷者都会这样，犹豫挣扎、止步不前、萎靡不振、心慌意乱，在离开的恐惧和留下的痛苦之间左右为难。接下来，他们要么强行按捺下自己的犹豫挣扎，忍受着难以想象的内心煎熬；要么就选择爆发，反复地站起来为自己争取，然后又每次都妥协。

今天凯伦拒绝了雷蒙德的无理要求，明天她又让步了。这个星期她和雷蒙德分手了，下个星期她又让雷蒙德回来。

在犹豫不决中，大部分协同执迷者已经弄不清楚自己真实的感觉，也不知道自己真正想要的是什么。他们失去了对自己直觉和感知的信任，这种麻痹让他们信心不足和虚弱无力，背负上沉重的羞愧和自责。

协同执迷者的自责

自责是协同执迷者内心永不枯竭的痛苦之源。除了因为无法做决断而自责，协同执迷者还痛恨自己面对恋人无理要求时表现出的软弱，有时候还自责于自己明明知道这段感情有问题，还无法自拔。

凯伦

当他满嘴胡话，对我横加干涉的时候，我从来没有直截了当地回击他，从来没有说过"雷蒙德，那不关你的事"或者"我不想回答你"这样的话。我觉得很羞愧，因为我没能反抗他，我觉得我比他更差劲，因为我居然还留在他身边，我和他一样讨厌，因为是我自己决定留下来的。

尽管凯伦已经洞察到问题的根源，但她没能做出丝毫改变，相反，她堕入了一个可悲的怪圈，不断地妥协、不停地自责。

- 她越是自责，就越是失去信心。
- 她越是没有信心，就越感到无力。
- 她越是感到无力，就越发被动。
- 她越是被动，就越是容忍雷蒙德的无理行为。
- 她越是容忍雷蒙德的无理行为，就越是自责。

稍许的自责是有积极意义的，能够鼓舞我们努力做出改变，更好地生活。但是一旦自责变成生活的主旋律——就像凯伦那样——就具有破坏性，消磨协同执迷者的自信和自主意识。

协同执迷者的负罪感

协同执迷者永远都不可能满足执迷恋人的期望和要求，这是执迷者贪得无厌的本性使然。协同执迷者一旦给不了他们想要的，那些执迷者——他们只会依靠恋人来找寻自我价值——就感到痛苦不堪。当执迷者因此表达他们的痛苦和失望的时候，协同执迷者就会萌发出深深的负罪感，好像那真的是自己的责任。

凯伦

跟雷蒙德同居一年后，我觉得自己真的需要一点独处的时间了，于是我告诉他，我周末要出去一趟。雷蒙德纠缠不休，想要跟我一起去，但是我坚持自己走——我只是想自己待一会儿。我到海边城市文图拉去走亲戚，和家人在一起真是很惬意。但是仅仅一个小时后，雷蒙德就赶到了，我简直不敢相信。

雷蒙德

我猜着她刚开始肯定会生气，但是我知道看到我她会很高兴的。我是说，海边是多么浪漫的地方啊，没我怎么能行，她一个人怎么能享受美好时光呢？而且我猜对了，她让我留下了。

凯伦

他求我让他留下来，尽管我们之前已经就我单独外出的问题好好讨论过，我觉得特别气愤，但是他开始哭了，我觉得挺内疚的，干吗冲他发火啊。我内心的母性被激发出来了——他需要这样，他需要那样，而我居然这么混蛋，就好像是，他对我的爱远胜于我对他的爱，我真是对他不公平。所以最后我答应他留下来，整个周末他反复告诉我，因为他的到来，这个周末才这么美。我真是烦透了。

雷蒙德一难过，凯伦的反应就像是自己犯了罪似的，尽管她没有任何残忍或恶毒之处。再一次，她牺牲自己的感受去迁就雷蒙德，度过了一个郁闷的周末。但是再郁闷凯伦也都忍了，因为这样可以减轻一点她的负罪感。不幸的是，这样没法缓解她的气闷。

协同执迷者的醒悟

对于凯伦而言，雷蒙德的食言——说好了"给"她一个属于她自己的周末——成了压垮骆驼的最后一根稻草。当他们返回家，凯伦觉得自己付出的代价太高了，自己已经不能承受了。

凯伦

回家的路上，我一直都很焦虑。好像这段感情就是不断地满足他的需要，完全以他为主，但是爱要相互尊重，要照顾双方的期待啊，不能总是一个人说了算。我厌倦了他的妒忌，厌倦了他的争吵，厌倦了他这个人，我累了，我总是半夜醒来满腹心事。到家的时候，我真的生气了……他站在那里笑着等我，而我非常非常生气，他却完全没察觉，只是不停地感叹多么美好的周末。好吧，我已经受够了，我彻底爆发了，我告诉他，我希望他离开我的生活。

很多协同执迷者从来没能发觉他们感情的破坏性，长期迎合恋人的各种执迷。但也有很多像凯伦这样的协同执迷者，他们最终认识到自己的恋情弊大于益。当凯伦决定分手的时候，她有了一个新发现。

凯伦

当我赶他出去的时候，他非常吃惊，但还是走了。几个小时后他又回来了。他敲后门我不理，他又绕回去敲前门，我还是不理，他又去敲窗户，我就是不理。我简直气疯了，在自己的家里却像个犯人似的。随后我有了一个不可思议的发现——一个折磨人的发现——我需要一个像雷蒙德那样的人，我需要那种病态关系！简直不敢相信，我是多么需要他的执迷。但这次我不能再退缩了，就声称要报警，他这才离开。

凯伦最终发现了他们的感情多么不健康，她被羞愧和自责淹没了。但是这一次，她没有让内疚束缚自己，而是努力掌控自己的生活。她坚持和雷蒙德一起来寻求专业心理辅导。

协同执迷者和执迷者之间的界限其实并不严格，因为他们的动机和需求是彼此相似的，区别在于双方表现出来的程度有所不同。

协同执迷是一场激烈的感情拔河，一边是压抑，一边是激情。协同执迷者忍受着对方难以想象的控制欲来换取内心渴望的爱情，他们的内心和执迷恋人一样空虚。但是，容忍不合理的行为实际上是无意识地鼓励了恋人的执迷，只会让他们的感情越来越糟糕，越来越不健康，直到他们能够拿出足够的勇气，下决心做出积极的改变。

第六章　犹豫不决的"目标"

　　建立一段感情需要两个人一起努力，结束一段感情也需要两个人都同意，这就是为什么离开执迷恋人会那么难。执迷者是绝对不会轻易放手的，而且他们的"目标"自身也犹豫不决，最后双方把事情弄得越来越复杂。

　　上一章里，我们介绍了一个犹豫不决的"目标"，她不能确定自己是否真的要结束那段感情。在本章里，我们会介绍几位很明确要分手却不知道怎么去做的"目标"。

　　通常来说，面对失败的感情，花上一段时间下定要结束的决心，然后再花些时间去结束这段感情，是很常见的步骤。就像开始一段恋情时需要一步一步地深入，结束时也需要一步一步地理清。但是面对一位执迷恋人，分手的最后一步——执行决定——会变得困难重重、拖泥带水，让人心力交瘁。

　　一些幸运的"目标"很明确自己想要分手，而且他们也结束得干净利落。另外一些"目标"倒是想要分手，但是他们的执迷恋人却不肯接受这个现实，以至于分手之路困难重重。同时，还有一些"目标"被自己的各种感受——同情、负罪，以及身体的欲望——束缚了手脚。

都是感觉出了错

极少有人去故意伤别人的心，但是在剪不断理还乱的人类感情里，恋人之间的伤害在所难免。即使我们没有不善的企图，也没有恶意的行为，在结束　段感情的时候，面对伤心的昔日恋人，我们还是会敏感地体会到一丝残忍。在执迷的恋情中，执迷者那种呼天抢地的悲伤更是会放大这种感受。

埃利奥特是一位三十五岁的大块头，金头发，大胡子，在纽约做纪录片制片人。他在一次聚会上认识了丽莎。丽莎是一位自由职业者，做平面设计工作。在此之前埃利奥特经常跟一名叫作汉娜的女性约会，但没有正式交往。当埃利奥特开始跟丽莎约会的时候，他没瞒着丽莎，丽莎也表示并不介意。她看上去是默许的，因为毕竟她跟埃利奥特才认识不久，离海誓山盟还远得很。但是很快埃利奥特就发现，丽莎接受他有别的情人只是假象，事实是她用各种方式暗示她其实不能够接受汉娜的存在，丽莎表现出越来越强烈的占有欲。

仅仅五个星期，埃利奥特就烦透了，他意识到他不想再看见丽莎了。

埃利奥特

我确实想要退出，没有"如果"，也没有"但是"，然而我却太过于小心翼翼，想要尽量委婉一些，尽量不要伤害她，以至于根本没法放手。我真的不想再看见她了，但我不好意思直接说出来，于是我开始模棱两可地暗示她，说需要一点空间。我没有直接说"我们再也不要见面了"，我只是说"以后见面会少一些"。我觉得这样算是比较温柔的做法了，但是她已经崩溃了，她开始抽泣着抱怨我们之间怎么能走到这一步呢？我们的感情发展得多么好啊，我们在一起多快乐啊……我在心里问自己："她说的是我们吗？听着怎么都不像是我们之间啊。"但是她看上去那么受伤，那么可怜……我感到越来越自责，她是一个成熟、理智的女人，这会儿却成了一个无助、只会哭鼻子的小女孩。我得做点什么帮她平静下来，于是我改口了，我找了一些蹩脚的理由，什么工作的压力太大啊，现在说这些时机不对啊。

跟凯伦不同，埃利奥特明确知道自己想要退出，可不幸的是，他招架不住同情和自责的左右夹击，他的善念动摇了他的决心，以至于他没法清晰明了地分手。

埃利奥特错误地想要"温柔地分手"，他想要把分手这种不愉快的、艰难的事情做得尽量人道一些。尽管他的目的是想要尽量缓和丽莎的痛苦，但从长远看，他的做法只会延长和加剧丽莎的痛苦。

埃利奥特仅仅跟丽莎约会了一个月，还不是正式交往，他都觉得自己应该为丽莎的痛苦负责。可以想象谢莉想要结束两年的婚姻生活，该有多不忍心。

谢莉二十七岁，绿色的眼睛，黑色的头发，她在我的牙医那儿当洗牙师。谢莉遇到了马克，马克是一名高校的辅导员，他们是在慈善义卖活动中认识的，两人都是慈善活动的积极分子。

刚开始约会的时候，马克叮嘱谢莉别再和其他男性来往了，这让谢莉感到很疑虑，但是马克热烈的追求让她放下了戒备，于是她答应了。但后来，马克动辄要谢莉保证怎样怎样，谢莉开始厌倦了。

交往六个月后，马克向谢莉求婚。带着一丝不安，谢莉答应了，她希望婚礼那"神圣的宣誓"能打消马克的恐惧。但她想错了，根本没用。结婚刚满一年，谢莉已经烦透了没完没了、莫名其妙的猜疑和指责，她确信自己和马克的感情已经走不下去了。但是她没法鼓起勇气告诉马克，直到他们第二个结婚纪念日过去几周后，谢莉找我寻求心理辅导。

谢莉

我都不知道自己是否真的爱过他，但他是如此爱我，我觉得这也许就是命运。上天安排给我这段感情，一定有他的目的。马克的很多事情都让我烦恼——他的脾气太可怕了——但是我以为，既然我已经答应他了，就应该接受他、安抚他，让他平静下来，所以我们结婚了。我确实试过去爱他，但他总是为了一点小事而生气。我把这些告诉了我的牧师，他劝我们携手努力，试着去挽救婚姻……但这不是我想要的，我想要离开他，想要结束我们的婚姻。我只是不知道该怎样跟他开口，他是如此的……我的意思是，我不知道他会做出些什么，他总是说："我不能没有你，没有你我肯定活不下去……我爱你爱到自己都害怕了……你是我生命的全部……"

谢莉的婚姻一开始就是一场错误。将他们两人引入婚姻殿堂的仅仅是马克的爱，而不是他们两个人的爱。而且，她低估了自己犯的错——大多数"目标"都是这样——执迷是永远都无法被满足的。谢莉以为结婚能给马克足够的安全感，让他"平静下来"，但事实是，任何承诺都不足以打消马克源自执迷之爱的妒忌和反复无常。谢莉的承诺一开始就是无意义的，而且当她许下了承诺，她就被套牢了，承担起一份错位的责任。

　　说着"没有你我就活不下去"这样的话，马克清楚地告诉谢莉，他将谢莉看作自己情绪健康的守卫，就好像他打包了自己这辈子的快乐和幸福，交给谢莉去保管。这份责任对于谢莉来说过于沉重了，她很难担负得起。谢莉答应了马克要守护他的快乐，一旦马克不高兴，她就会感到自责。

　　谢莉想要结束这段不愉快的婚姻，但她难以下定决心，一方面由于她的信仰，认为婚姻是神圣的，另一方面是因为她羞于面对自己跟不喜欢的人结婚这个事实。她发现自己被牢牢困在了同情心和负罪感之中——这种糟糕的感受同样阻挠过埃利奥特。

谢莉

　　他跟我说："你简直完美，你身上没有一个地方是我不爱的。"而我只想啊啊大叫！没有他在旁边，我就不能去逛街；没有他在旁边，我就不能整理花园；我写信都要他过目；我再也没法去探望任何一位朋友，因为我的朋友全都不喜欢他，而且不管我到哪儿，他都要跟着，他那么爱我……可这样越来越糟糕。我一直把自己看作一个奉献者、给予者，我是说，自打学会走路，我就常常被这样教导。可现在，这个男人没有别的要求，他只想每一分每一秒都爱慕着我，我却在伤害他。我这算是哪一门子的奉献者呢？我难道不应该像接受馈赠一样地去付出吗？

　　谢莉认为，如果她将自己真实的感受告诉马克，她就是一个坏人——无论是在她自己的价值观里，还是在信仰面前。她怎么能让一个男人承受巨大的痛苦呢？何况他只是全心全意地爱着自己。尽管谢莉在婚姻里痛苦不堪，但是她关于善良、道德的信条阻止她采取行动保护自己。

甜蜜性爱的陷阱

甜蜜的性爱是一种诱惑,阻碍"目标"下定决心分手。尽管一些执迷者并不清楚恋人的身体需求,就像他们弄不清楚对方的感情需求一样,但是还有一部分执迷者全身心地关注自己的恋人,极其热切地回应恋人的身体需求,这些执迷者总是能够极大地满足对方。

尽管埃利奥特做了一个"不言而喻"的决定——不想再见到丽莎了——但他还是渴望丽莎的身体。最初,这种渴望比他想要离开的决心还强烈,但事到如今,和丽莎的性爱让他越来越有负罪感,所以分手失败的几个星期之后,他告诉丽莎:"我只想和你做朋友。"

埃利奥特

她告诉我,只要愿意见面,我想要怎样都行。我把见面的次数减少到每周一次,也不再跟她一起睡觉,但是她一直诱惑我,想把我拉回过去,用一些新的按摩技巧、情趣玩具什么的。她还拿出新买的性感内衣试穿给我看,借口说是为别的男人买的,然后她就那样半裸着坐在我的腿上引诱我。还有一个晚上,我们喝了一瓶红酒,她给我按摩双脚,她简直……她按摩的手法,真的让人欲罢不能……然后她就顺着我的小腿一路往上……就那么难以置信的,我又就范了。我在心里问自己:"我这是在干什么啊?"性是我唯一还愿意跟她分享的事情,也是唯一让我违背自己的事情,而且就算拒绝也没用——她还是一天到晚不停地给我打电话,所以我想:"到底要怎样啊!"还没回过神来,我们就又回到了以前,一周见三次。

屈服于甜蜜性爱的诱惑,埃利奥特再一次放弃了分手。他本可以说"不",他本可以拒绝的,但是他没有。他认为丽莎的诱惑有一种难以抗拒的魔力。一旦丽莎认识到了这一点，无论她是有意识的还是无意识的，那么性就成了她用来控制埃利奥特的有力武器。

在性爱面前屈服不是男人的专利，很多女性"目标"同样也落入了甜蜜性爱的陷阱。

谢莉

当我长大，性爱对我来说一直就像是悬在兔子面前的胡萝卜，可望而不可即。我从来没有跟其他男人睡过，所以跟马克发生关系对我来说是一件大事，不仅仅是上帝眼中妻子的本分——尽管这对我来说的确很重要——我自己确实也很享受和马克的性爱，现在也是。离开他，就失去了和他在一起的床笫之欢，想到这个我也很难受，我觉得很难再找到这样一个男人，特别是我不赞成婚前性行为。

谢莉对性爱又向往、又害怕——她的宗教信仰让她拒绝婚外性行为。其实不敢越雷池的大有人在，又何止虔诚的信徒？现在有很多单身人士要么一想到约会的场景就犯怵，要么害怕各种传染病，比如艾滋病。这些恐惧足以掣肘很多"目标"，无论男女，让他们难以下决心退出执迷关系。

模棱两可，双重信息

当"目标"决定了要分手，却做不到的时候，他们毫无意外地开始变得不坦诚，说着言不由衷的话，做着表里不一的事。他们发出一些模棱两可的信息，这样的做法无异于煽风点火，只会加剧对方的执迷行为。

大部分人以为我们主要是通过语言来表达内心感受的，事实并非如此。心理学研究发现，高达百分之七十五的交流是非言语的，肢体语言、行为、态度传递的信息远高于语言。当我们矛盾挣扎的时候，或者试图掩饰内心的感受时，我们常常言行不一，给出的是模棱两可的双重信息。

言行不一

尽管疑虑重重，埃利奥特还是跟丽莎保持着性关系，他也继续跟汉娜约会，这让丽莎越来越恼火。一天晚上，丽莎终于爆发了，但这次，埃利奥特没有妥协。他很生气地告诉丽莎，这招对他已经没用了，他们完了，他再也不想和她见面了。随后埃利奥特摔门而出，留下丽莎一个人伤心抹泪。

丽莎有两个星期没出现了，埃利奥特以为这一页算是翻过去了，谁知丽莎又出现在他家。

埃利奥特

我打开门，是她，一脸妩媚的笑，好像什么都没发生过似的，穿着一件精致的大衣，踩着性感的细高跟。记得那时我还在想，她为什么穿成这样，她解开了大衣，里面居然什么都没穿。我第一反应就是："哦！别！又来了！"我不想害她难过，但我让她回去，这不是个好主意。我的声音完全不对头，我说的简直是斯瓦希里语。她径直走了进来，我一直在想："千万不要成为一个傻瓜！她是一个疯狂的女人！你要回到起点前功尽弃吗！"但是她看起来是如此的漂亮，又如此的性感……试想一下，如果一位光着身子的女人站在你的门前，是不是有种美梦成真的感觉？我口中一直在说："不，不，不要。"但是我的嗓音出卖了我，我一点抵抗力也没有。她抓住了我的软肋，

　　埃利奥特感到非常自责，他的行为颠覆了他对自己的认知。他没有感到自信，反而感觉自己很残忍。但是丽莎把他逼到无路可退，最后停留在一段无法忍受的关系中，他唯一的选择只有"残忍"。

　　让埃利奥特感到宽慰的是，他和丽莎的关系似乎最终还是结束了，他已经至少两个月没有关于丽莎的消息了。但是丽莎又打电话来了。

埃利奥特

　　她说她参加了心理辅导，她现在知道自己是把与父母之间的冲突转嫁到了我的身上，她想见见我，就吃顿午饭，她只是想跟我尽释前嫌。她说她不想让别人以为她是个疯子。听起来她真的变了，似乎理智多了，毕竟我们结束得十分尴尬……而且只是一顿午餐……如果能帮助我们消除曾经的不愉快，有什么理由拒绝呢？

　　很多情况下，我们大多会说"为什么不呢？"，一笑泯恩仇的想法确实诱人，而且埃利奥特有足够的理由去相信，丽莎已经接受了他们分手的事实，毕竟丽莎都有两个月没再打扰他了，而且她在心理辅导课程里学到的道理听起来有模有样。再说了，她只是要求吃顿午餐——能有多大事呢？

埃利奥特

　　看见她的那一刻，我就知道我错了。她穿得相当暴露，而且一见面就给了我一个大大的拥抱"为了曾经的感情"，我们几乎没法点餐，她一直试图用各种理由约我下次见面，比如她参加了一个中国菜烹饪班，问我愿不愿意试吃，帮她完成作业；还有一位我们共同的朋友要结婚了，问我能不能让她搭便车去参加婚礼，她自己开车去那儿总是迷路。我一直说"不"，直到最后，她终于直截了当地问我为什么要拒绝她，她并没有别的企图。我告诉她，我只是不相信她。她表现得很冷静，娓娓道来她这两个月来的改变，我在她人生中十分困难的时期这么评价她，对她太不公平。当她说了这些，我内心又开始自责，又开始动摇了。但最终我还是拒绝了，我知道一旦我让她一尺，她就会敬我一丈。

当埃利奥特答应跟丽莎共进午餐的时候，他实际上是给了丽莎一丝希望。但就是这 星半点的希望，在执迷者眼中已经难掩光华了。埃利奥特应该知道，丽莎不会那么轻易放弃的。一个"没什么大不了"的午餐很快就变成了另一场诱惑，但这一次丽莎用的不是性感，而是感性。她知道埃利奥特害怕她的反复无常和情绪化，于是她克制自己的那一部分性格，对埃利奥特动之以情晓之以理。她表现得好像自己改变了很多，但是埃利奥特意识到了她所谓的改变只是表面文章，她本质上还是以前的她。

执迷者总是将一点点友谊甚至是对方的好奇心，理解成人家还在矛盾中，有机会争取回来。有些时候，是可以跟前任保存一点友谊关系的，但是因为实在没法预测执迷的前任会怎样理解或者体会你的小善意，所以还是谨慎为好。对大多数"目标"来说，一个残酷的现实是，一旦你决定要脱离这段执迷的恋情，跟前任发生任何形式的接触，都是危险的。

那次午餐后，埃利奥特再次决定要断绝跟丽莎的一切联系，不管她的理由多有说服力，埃利奥特只是不想再被丽莎操纵了。在那之后的两年里，丽莎还是会每几个月给埃利奥特打一次电话，每次打电话来都有巧妙的由头，甚至埃利奥特跟汉娜结婚后，她还会打电话来。但随着时间的推移，丽莎的电话越来越少了，到现在，埃利奥特已经有一年没有接到她的电话了。

采取果断行动

有的时候，斩钉截铁的语言——甚至抛出残忍的话——都不管用。格洛丽亚发现无论她怎么说，她的前男友吉姆都不相信她已经不想再见面。后来，她只好采取了果断行动，叫来保安人员把吉姆从她办公室拖走了。

格洛丽亚

我听着他在外面拍打着门喊叫，我告诉自己："让他见鬼去吧！我烦透了到哪儿都得看见他！这是我自己的生活！"第一次告诉他我不想再见面的时候，我还感觉到有些犹豫，但接下来六个月的"全场紧逼"让我彻底崩溃，我再也不愿意当个牺牲品了。当我看着保安把他拖走的时候，我以为我会有罪恶感，但并没有，我反倒为自己的决断感到骄傲。

不同于埃利奥特被负疚感折磨，格洛丽亚在自己的果断行动里找到了新的自信、力量和宽慰。很多"目标"发现，果断行动帮助他们摆脱了被执迷恋人死缠烂打时的无助感。

尽管果断行动能够带来情绪上的满足感，但这不是容易事，果断行动往往给"目标"们的生活造成诸多不便。以下是一些果断行动的例子：

- 不接他 / 她的电话，或者干脆换电话号码。
- 把信原封不动地还给他 / 她。
- 把礼物原封不动地退回去。
- 告诉你们共同的朋友，不要请你和你的前任参加同一个聚会。
- 如果你的前任不请自来，不要给他 / 她开门。

- 打电话叫保安或警察。
- 申请限制令。

你不需要专业人士来指导你的行为——你只需要有足够的决心说到做到。开始的时候肯定很艰难，但是如果你的执迷恋人拒绝停止对你的追逐，我向你保证，多加练习之后你的果断行动会变得容易一些。而且迟早有一天，在你坚定而明晰的行动面前，绝大多数执迷者会放弃的。

我知道你们中有些人在不得不果断行动的时候，会感到非常内疚，但是在这类情况下，感到内疚并不是因为你做错了什么，只是因为你在做以前从来没有做过的事情。为了彻底摆脱执迷恋人，重新把握自己的生活，你必须忍受这种内疚。负疚感终究会慢慢离开你的，但是如果你没有果断行动，恐怕你的执迷恋人不会离开你。

失去的不只是一个恋人

有的时候，想要果断地挣脱执迷恋情，需要克服的不仅仅是感情因素，还要考虑现实情况。比如，有些执迷者利用职务权利去追逐他们的"目标"。无论是心理医生追逐自己的实习生，医生追逐自己的接待员，还是大学教授追逐自己的学生，执迷者身处的权力位置使得"目标"很难挣脱。

朗达是南加州一所大学的文学副教授，她有着一头很有特色的精致黑发，超大的玳瑁眼镜让她看起来文绉绉的，有点古怪。一次演讲后，朗达找到我，交谈中我提到自己正在写这本书，她跟我讲了她的故事。

朗达当时正在竞争她们学院的终身教授职位，这个职位的颁发权在一位很有权力的学科主任手上，这位决定性的人物名叫琳恩，是一位年纪稍大的女性。在学术圈，终身教职往往关乎生计，没有它就谈不上职业保障。现在朗达已经四十岁了，她也该为自己的生活争取一点保障了，事实上她已经为这个终身教职奋斗五年了。

朗达是一位拉拉，一年前，她和保持了很长时间恋情的女友分手了。那时，琳恩很是关心和照顾她，抚慰朗达的痛苦，朗达很清楚琳恩喜欢她，但是朗达那时候对琳恩不感兴趣。后来，随着她们相互了解的深入，朗达发现琳恩智慧、善感、温暖，越来越有魅力。琳恩也花了很长时间去发展她与朗达的感情，最后她们上床了，朗达才被"俘获"了。

朗达

我知道跟她纠缠是一件危险的事情——她掌握着我的前途——但是她跟我保证，她会把私人感情和工作区别开的。我知道事情没这么简单，但她说我真的是个天才，是她见过最有天赋的同事，我得到终身教授职位是顺理成章的。而且那时，我真的需要一个人来陪伴……她是那么支持我，那么有主意，那么会生活，而且那么充满爱意。她就像一块磁铁一样吸引着我，我被她迷住了。

朗达坚信自己是被琳恩的个人品质所吸引，但就如亨利·基辛格所说："权力是最好的春药。"毫无疑问，朗达掉进了权力的陷阱。

朗达知道，因为力量不对等，她们之间的关系是有问题的，但如果不是琳恩开始暴露她的执迷天性，朗达还意识不到问题会如此严重。当琳恩和朗达发展到有了亲密关系，琳恩开始出现各种妒忌幻想，控制欲也越来越强。当朗达去旧金山参加为期两周的研讨会的时候，琳恩三次飞去看她，而且一天给朗达打四五通电话，问她有没有跟别人上床。当朗达返回后，琳恩开始带着朗达去见朋友，好像她们已经准备结婚了似的。

朗达

我开始觉得自己像是她的私有财产似的，我必须结束这段关系，但恐怕我做不到，她肯定会发疯的，而且估计我也要跟我的终身教职说再见了，五年的努力将付诸东流。她真的把我套牢了。

朗达陷入了一个进退两难的困境，在以往的感情中，朗达已经习惯了清晰果决地表达自己的感受，但是如果她拿这种方式去对待琳恩，那就是拿自己的职业生涯去冒险了。换个角度，她如果为了工作继续留在这种关系中，那就是出卖自己的感情。

朗达

随后有一次，我们和她妹妹一起吃晚餐，琳恩在饭桌上大谈对将来的打算，而这些计划我闻所未闻……我怎么就成了那个要与她共度余生的女人了。我意识到不能再这么下去了，这样对她不公平，对我也不公平，不管要付出什么样的事业代价，我都要退出。当晚我们回到我家的时候，我跟她说了。

因为朗达提出分手，琳恩深深地受伤了，她很生气，就像朗达害怕的那样，琳恩把气撒到了工作上。

朗达

三天后我们院系开会，她驳回了我想要修改辅修课程的提议，而且对一些我觉得非常好的观点，她出奇的挑剔，在全系同事面前狠狠地羞辱我。我什么都没说，只希望她能快点走出来，但是她似乎走不出心魔。接下来的两个星期，她不放过任何给我使绊子的机会。看上去很明显，她将要成为我通往终身教职路上的拦路虎，所以我决定奋起反抗。我控诉她公报私仇，把个人感情凌驾于工作之上，而且我警告她，如果她再为难我，我就告她性骚扰。这让她最终有所收敛，但是我们之间的关系依然很紧张，我的工作很难展开，有时候我们还会发生冲突，但是，看上去第二年我还是会得到终身教职。

朗达可以选择换个工作，来逃离她的执迷上司，不少"目标"这样做过，但是这个选择常常很难做到，也可以说是不现实。对于朗达来说，重新争取另外一个终身教职是非常困难的，而且就算她能争取得到，她也得再等五年才行。所以朗达宁愿冒着职业风险，也选择了果断拒绝琳恩，这么做也是她在艰难处境中的最佳选择。退一步来讲，她的工作环境还是经常处于紧张和不愉快之中，但是对于朗达来说，这是两害相权取其轻。

和上司恋爱常常是有风险的，假如你的上司恋人恰好又是执迷者，那更是如此。因为一旦你提出分手，执迷者可能会有惩罚或报复倾向。执意分手而丝毫不考虑工作，是很难做到的。

终极情感敲诈

当"目标"想要退出的时候，执迷者绝望之下以死相逼也不少见（就像我们在第二章里提到的安妮），当执迷者宣称没有对方自己就活不下去的时候，给恋人带来了巨大的心理压力，以至于对方不愿继续下去。格洛丽亚第一次跟吉姆提出分手的时候，就是这种情况。

格洛丽亚

跟他交往一个月后，我就认为我们不合适，但我又忍了两个月，才终于付诸行动。当我告诉他，我准备离开他的时候，他哭着说他要去跳崖，没有我他就没法活了。我是说，他这么说实在太夸张了，但他是一个极其喜怒无常的人……我真有点担心他会寻短见，所以我安慰他，说可以给他一次机会，前提是他要改一改自己的控制欲，别再这么黏人了。他满口答应，发誓一定改……当然，他一点也改不了。

担心是情理之中的事，如果吉姆真的想不开去寻了短见，格洛丽亚肯定会有罪恶感，她只好向吉姆的情感敲诈屈服了，答应不离开他。可以肯定的是，这次敲诈得逞，下回格洛丽亚想要离开，他还会来这一套。

格洛丽亚

经过两周的煎熬，我已经到了极限。所以我决定了，必须强硬地结束这段关系，而且我祈祷他别真的做出不可挽回的傻事。我恳求他去寻求专业的心理辅导，但他根本不听。他后来打电话总是说要自杀，但也从来没见他真的尝试过。

吉姆扬言要自杀，到底是认真的还是说说而已，格洛丽亚无从知晓，谁也不知道会怎样。一些人以死相逼，可从没打算过真的去死；但确实有一些人，说要自杀就真的去自杀了。

如果你像格洛丽亚一样，想和自己的执迷恋人分手，而对方又因此以自杀相威胁，你必须对他／她的反应重视起来。但并不是说，你要承担起保障他／她生命安全的责任。最具有现实意义的做法是，鼓励对方去寻求专业心理治疗师的帮助，学会处理感情危机。如果有家人或朋友同情你的执迷恋人，那么你可以将对方以死相逼的情况告诉他们，并且声明，你决心要分手，不会改变主意。无论如何，对方的生命应该由他／她自己负责。

我知道也许这让你很难接受，但是如果你的执迷恋人因为你决定离开——无疑是非常英明的决定——而做出不理智的行为，你没有道德义务因此去牺牲自己的幸福。

离开一个执迷恋人是一段让你感觉非常痛苦、凌乱、忧心忡忡的过程。一旦你决心结束恋情，就要做好准备面对巨大的障碍，这些障碍有一部分来自你的执迷恋人，也有一部分来自你自己。如果你决心已定，分手是很艰难，但也好过其他任何选择。

第七章　遭受暴力胁迫的"目标"

　　本章涉及的内容很灰暗，详细描述了当执迷发展成暴力，"目标"的生活受到严重干扰的情况。这一章我写得很艰难，这些故事会让读者们感到震惊，我最不想做的事就是吓得想要步入新恋情的人踌躇不前，或是唬得想要结束一段失败感情的人进退两难。但是，从这些悲惨的错误中吸取教训是非常有必要的。

　　很多"目标"在执迷爱情中遭遇过暴力行为，这是无法回避的丑恶现实。我们都听说过一些传播度极高的公众新闻，一些明星人物在执迷恋情中沦为暴力行为的受害者。但是，这种暴力行为并不局限于富人和名人，很多普通人被伤害甚至被谋杀的新闻也屡见不鲜。

　　如果你计划结束一段执迷关系，或者是已经结束了一段执迷关系，那么有一件很重要的事情需要注意——不要低估分手给执迷者带来的强烈愤怒。如果你是——或者担心有可能是——有暴力倾向执迷者的"目标"，可以通过几个措施来保护自己。这些方法并不能做到万无一失，但是能够大大减少你被暴力伤害的概率，或者至少能保护你不要再度成为暴力行为的受害者。

蓄意破坏：暴力行为的前奏

沃尔特五十七岁，肩膀宽厚，已经秃顶，有一双蓝色的眼睛，是一名机械师。他经营着一家小型汽修店，尽管不想，但我的破车让我不得不总去光临他的门店。幸运的是，沃尔特是一个和善且健谈的人，我们每次见面都比想象的更愉快。我和沃尔特认识多年了，所以当他知道我正在写这本书，他很乐意跟我分享自己的一段痛苦经历。

沃尔特的第一任妻子在与癌症抗争多年后，撒手人寰。沃尔特很长一段时间都沉浸在丧妻之痛中，还好他有很多好朋友，还有两个很关心他的儿子，三个可爱的孙子，大家陪伴他帮助他。大约两年后，在家人的不断催促下，沃尔特开始去约会，几个月后他认识了娜恩。

娜恩四十八岁，认识沃尔特的时候，她在一家咖啡店里当服务员。沃尔特和娜恩一见钟情，当晚沃尔特就约娜恩出去喝一杯，同一个星期他们又约会了两次。四次约会之后他们上床了，自从妻子去世，娜恩是沃尔特第一个愿意亲近的女人。

娜恩是一位激情洋溢的情人，跟她在一起的时候，沃尔特感受到了多年未有的刺激和活力。但是娜恩的需求开始越来越多，控制欲也越来越强。四五个月的交往后，娜恩开始催沃尔特跟她结婚，沃尔特告诉她，自己还没准备好结婚，可娜恩催得更紧了。最后，沃尔特告诉她，自己想要分手。

娜恩不相信沃尔特是认真的，她开始不断地打电话、写信，到沃尔特的汽修店去，到沃尔特家里去，希望他能够回心转意。当沃尔特坚持要分手的时候，娜恩开始歇斯底里。有一次，她在沃尔特的厨房拿咖啡杯砸沃尔特；还有一次，她用扳手砸碎了汽修店的窗户。沃尔特越来越烦恼，尽管他拒绝得足够生硬，娜恩还是不肯罢休，这让他很挫败，但他也实在没别的办法了，只能寄希望于娜恩闹够了就会放手。

跟娜恩分手一个月后，沃尔特邂逅了贝蒂，一名保险代理人，他们开始约会，很快坠入爱河。

沃尔特

后来我跟贝蒂订婚了，我想这应该能让娜恩彻底放弃了。当娜恩再一次到汽修店来的时候，我告诉了她，她立刻变得冷若冰霜，摔门而出，我记得她当时嘟囔了一句"我会让你记着我的"就离开了。我以为事情就这样了，于是继续工作去了。

像很多执迷者的"目标"一样，说出自己订婚的事情时，沃尔特被娜恩表现出来的平静麻痹了，他原以为娜恩会发怒的，但当时娜恩并没有多大反应，沃尔特以为自己重获自由了。但是，我们在这本书里也看到了，执迷的怒火很难抑制，有可能迁怒第三方，也有可能在内心爆发，伤害执迷者自己。最常见的情况是冲着"目标"发泄怒火，执迷升级为暴力。

娜恩给了沃尔特一个相当明显的暗示，她远不止沃尔特看到的那样平静。但这没有引起沃尔特的警觉，如果有足够的警惕心，当娜恩嘟囔着"我会让你记着我的"的时候，沃尔特就应该意识到她这是威胁。

那晚，当沃尔特回到家，他发现前门是打开着的，他的第一反应是家里进贼了，但是当他走进屋子，他闻到了烧焦的味道。

沃尔特

我肾上腺素飙升，一进卧室就看到自己的衣服被扔得满地都是，就像是龙卷风路过似的，夹克、袜子、衬衫，乱七八糟的到处都是……倒是没有大件，没有外套、长裤和内裤。我循着烟味来到了浴室，原来其他的衣服都在这儿……化作了灰烬。她把衣橱里的衣服全都丢进了浴缸，一把火烧了。整个浴室都被熏得黑乎乎，墙上的漆也都烧毁了。我报了警，但是我没法证明是她干的，所以警察也奈何不了她。但是我知道一定是她，因为门是开着的，而除我之外只有她还有钥匙。我知道没换锁是犯傻了，但我从来没想到她会做出这样的事。

与许多执迷恋人的"目标"类似——尤其是男性"目标"——沃尔特对自身的安全太过自信。毕竟，他比娜恩高大得多，也强壮得多，"会被娜恩伤害"这样的想法从来都没在他脑海里闪现过，但是沃尔特知道娜恩有暴力倾向，因为她发怒时会摔东西。而且他知道，娜恩可以很容易进入他家，因为他们约会期间，他曾给过娜恩一把钥匙。换一把锁，这样一个简单的防备措施，就很可能阻止娜恩做出这样的举动。换句话说，有时候即便是一个非常小的障碍，也能够挫败执迷者的一时冲动。

沃尔特

真是走运，她没有烧了我的整个房子，而且我必须说，接下来的两个月里，我满脑子都在想这件事，我想该怎样阻止她又回来，她会不会等我们睡着的时候点火？我上过战场，能够保护我自己，但这次我怕了，我是真的怕了，直到现在我还在害怕。我听说她因为嗑药过量住进了医院，但我担心她什么时候还会回来，现在两年过去了，一想起来，我还是心有余悸。

沃尔特，这个自以为天不怕地不怕的汉子，如今两年过去了还在惴惴不安。虽然娜恩只对他的衣服施暴过，但她已经生动地展示了自己暴力报复的能力，沃尔特担心下一次她会将暴力升级到报复他或他的新婚妻子。尽管娜恩再没有回来过，但沃尔特也丝毫没敢放松——相反的，他仍然沉浸在娜恩随时可能回来的恐惧之中。当一个执迷者将暴怒转化成为暴力，那就说不好多久之后还会爆发，还能做出什么出格的事。即使这些暴力行为没有再度升级，它所造成的恐惧会成为一把悬在"目标"头顶的利剑。

性侵害

詹妮现在二十岁，是一个非常漂亮的红发女孩，她是我好友的女儿，我是看着她长大的。两年前，她是一所常春藤盟校的新生，那时她认识了维克托。维克托二十四岁，是工商管理学院的研究生。詹妮对维克托没有男女之情，但是他们都喜欢古典电影，周末常常一起去看电影，但总是和很多朋友一起。詹妮越来越发觉维克托很喜欢她，她就留意从来不单独跟他在一起，而且她也通过自己的方式尽量不去吸引维克托。然而有一天晚上，维克托来到她的宿舍，向她表白了。

詹妮

他站在大厅里一脸羞涩，就等着我回答我也爱他。我告诉他，他确实很好，但我不想跟他交往。他说："别着急下结论，我们等着瞧。"我总觉得整个事情哪里有些古怪，有很多男生追求过我，也只是说说而已，所以我打算忘记这件事。可是，他并没有放过我，我去哪儿他都跟着。我去上课的时候，他就守在教室外面；我去喝咖啡的时候，他会忽然跳出来，然后坐到我旁边来，即使我告诉他不行——

所以我再也不去咖啡店了。即使他没出现，我也觉得他就在某个地方盯着我——特别是当我跟别人一起出去的时候。我觉得很不自在，就推掉了很多约会，以免惹出麻烦。一个朋友知道了这件事，劝我想想办法，所以我去告诉了学校保卫处，他们与维克托进行了一次长谈，维克托保证以后不再这样了。但是他没有就此收手。所以我尽量待在房间里，总好过一出门就感觉有一双混蛋的眼睛在监视我。

尽管没有亲密关系，维克托的执迷还是限制了詹妮的自由。詹妮发现自己陷入了一种令人沮丧的被动状态，很多执迷者的"目标"都遇到类似困境，詹妮没法通过法律途径来对抗维克托，因为维克托既没有对她造成公然威胁，也没有犯法。当詹妮第二次去学校保卫处申诉时，一位保安告诉她："要是我们把所有追求女孩子的男生都抓起来，我们得召集国民警卫队了。"

詹妮

一天晚上我从图书馆出来，意识到他在尾随我，于是我直接面对面告诉他别跟着我，他的回答是："我太爱你了，亲亲我吧，只是一个吻而已。"我说："你开什么玩笑！"但他强行要吻我，我使劲挣脱，然后我们开始扭打，整个过程中他一直在说他有多爱我。接下来，他把我拉进树丛，亮出了匕首，威胁我说如果他得不到我就要杀了我。然后他强暴了我。

强暴事件发生后，詹妮变得非常抑郁和自闭，她辍学搬回家里住。她告诉父母自己想要一些时间来克服创伤，但是她拒绝说起强暴的事情，拒绝心理辅导，而且她也拒绝起诉维克托。像很多性侵案受害者一样，詹妮不愿意上法庭，尽管她很害怕维克托再回来对她施暴。

詹妮的这种状态持续了差不多一年,她父母越来越担心。尽管詹妮看上去还在正常生活,但是她的父母注意到了,出事以来詹妮改变了太多:她不愿意返回学校,做着一份毫无前途的工作,而且她也不愿意出去约会;她偶尔会见一见老朋友,每当被问起心情如何,都说还好。

自从詹妮从学校返回家里,我一直试图说服她允许我帮她找一位心理医生,帮助她从心理创伤中走出来,但她总是拒绝我。詹妮像很多暴力犯罪的受害者一样,一旦身体的创伤恢复了,就急于忘记发生的一切,她选择回避,而不愿面对自己的心理创伤。

对于詹妮的遭遇,我一点忙都帮不上,而且她也拒绝他人的帮助,我感到越来越挫败。维克托一时的暴虐,带给詹妮十几个月的痛苦和折磨,一个年轻无辜的生命那么轻易就毁在暴力执迷者的冲动之下,这让我非常愤慨。

令人欣慰的是,一天晚上詹妮联系了我。第二天我们一起吃了午餐,我很高兴地发现詹妮开始有了倾诉的欲望。

詹妮

我看着电视里的烂俗爱情剧,忽然发现自己在流泪。我想了好久,为什么我不能回到正常的生活,再去恋爱?苏珊,我厌倦了这样的消沉,请帮帮我。

尽管向他人求助看上去很简单,但对詹妮来说,这需要很大的勇气和诚意。我向詹妮推荐了我的同事,一位专业帮助性侵受害者的心理医生。在心理辅导课程中,詹妮开始变得强大起来,她决定重新起诉维克托。

她起诉时已经耽搁了一年,案子很难取证,而且她不得不去另一个州做证。但是这些困难对她来说根本不重要，她需要迈出这样坚定的一步来证明她自己。就算这个案子一直没法宣判，詹妮知道自己做出了坚决的反击，这一点比任何陪审团的判决都更有助于她找回自信。

奋起反击

一提到性侵案，人们自然会想到是陌生人作案，但是女性被认识的人强暴的发案率高得惊人。任何性侵案对受害人来说都是一种痛苦，但是，如果施暴者是受害人认识、喜欢过甚至爱过的人，那么受害人恐怕很难克服情感障碍去控告他们。如果施暴者是受害人的丈夫或者男朋友，那么在审讯过程中，受害人很难为自己辩护。尽管这个过程很难，我还是建议受害人坚定地提出起诉，这是抚平痛苦和克服恐惧的正确选择。

当性侵者是一个执迷者，受害者就更加恐惧了。不同于其他性侵者，执迷者不是冲动犯罪，他们有选择地将受害者当成目标，很可能再度施暴。

如果没有其他原因的话，被执迷恋人性侵的受害者一定要起诉，并且尽最大可能将施暴者绳之以法。就算判决的结果没能把坏人送进监狱，"目标"也向执迷者发出了一个清晰的、强有力的信号，他不会再当受害者了，这样可以震慑执迷者不要再试图铤而走险。

詹妮被迫离开了以前的老师和朋友，因为她知道维克托还留在那所学校里。不过詹妮开始申请新的大学了，她现在也不太害怕夜晚自己出门了，她加强身体锻炼，参加了一个防身术课程，而且随身带着防狼喷雾。她也锻炼自己的心理，每周参加一次性侵受害者小组活动，而且每月两次到性侵危机热线当义务接线员。遭受不幸后，詹妮曾被噩梦萦绕，好在现在她开始慢慢走出阴影，而且通过心理辅导，她也开始走向新生。

身体暴力

暴力是亲密关系中真正的威胁——在美国，至少每十名妇女中就有一名遭遇过来自丈夫或恋人的暴力行为。对于执迷恋人的"目标"来说，即使恋情结束，危险依然还会跟随他们。失去了"唯一完美的情人"，执迷者很可能会试图以暴力夺回所爱，或者是报复对方。

尽管男人也可能成为执迷暴力的受害者，但据统计，绝大多数受害者还是女性。对于"目标"来说，一个暴虐的前夫或前男友是生活中无处不在的威胁，让她们难以正常生活。每一段回忆都是一个提醒，他还在那里。每一次响起的敲门声，每一次走近的脚步，每一个影子，好像都是暴力的幽灵。尽管大多数执迷者面临分手时并没有动用暴力，但是对于那些遭受过暴力的"目标"来说，别人的幸运并不能使其解脱。

萨曼莎二十七岁，亭亭玉立，浅金色的头发，皮肤细腻得像瓷娃娃一般，她在一家大型购房互助会当出纳员。她和哈里结婚两年半了，哈里三十一岁，是洛杉矶县医院心血管内科的医生。刚结婚不久，哈里就流露出了他的执迷本质——如果他从医院回来的时候萨曼莎不在家，他就会生气扔东西，他需要不断地确认萨曼莎是他一个人的，萨曼莎是绝对忠诚的。

最初，和很多执迷者的"目标"一样，萨曼莎容忍了哈里的喜怒无常，以为随着他们关系的深入，哈里的不安会渐渐消散。但是经过一年的婚姻，萨曼莎开始见识到哈里坏脾气的另一面，她之前没有发现的、具有破坏力的一面。有一次哈里一拳砸坏了壁橱，还有一次他用啤酒瓶砸碎了镜子。这样的暴怒着实让萨曼莎感到害怕，但是她小瞧了这些事情的严重性，以为是工作压力所致，她从来没想到最终哈里会打她。

第二个结婚纪念日过后不久，萨曼莎怀孕了，这使得哈里的妒火越烧越旺——害怕孩子跟自己分享亲密关系，这对执迷者来说并不奇怪。两个月后，有一次萨曼莎去拜访表姐回家晚了，哈里爆发了，指责她去见别的男人去了，哈里狠狠地打在她脸上，把她打倒在地。

萨曼莎

他这一拳不仅仅击倒了我的身体，更击垮了我的心。我曾经多么相信我了解他，我多么肯定他不会做任何伤害我的事情。但那一刻，我心里的某种信念瓦解了，第一次我看到他如此丑恶的嘴脸，我知道我不能再跟他一起生活下去了，我们之间完了。

当晚她搬回了母亲家中，几天后申请离婚，为了防止哈里再度施暴，萨曼莎的律师到法院申请了一个限制令，哈里被禁止直接与萨曼莎接触，或者靠近她三百米之内。

结束一段暴力关系也会感到悲伤

萨曼莎忍受了哈里的暴脾气长达两年，但是她不能容忍哈里对她动手。当哈里越过了这条底线，她明白自己必须离开哈里了，而且她走得干脆利落。但是，她心里却不那么容易放得下。

萨曼莎

那阵子我真的很低落，毕竟我肚子里还怀着他的孩子，而且我们有过很美好的时光。我一直以为我们会共度余生的，可是忽然就……要完全放下，真的很难。

很多执迷者的"目标"，和萨曼莎一样，相信他们做了有益于自己的正确选择，相信结束了暴力关系就可以远离感情创伤。但即使萨曼莎怕极了哈里的暴力，她也没能免却心头的哀伤，因为她的感情完了，她畅想过的美好未来被改写了。

绝大多数人都很难理解，暴力执迷者的"目标"好不容易与恐怖的过去告别，为什么还会悲伤。但是不管那段关系糟糕到何等程度，当它画上句号，大部分"目标"还是会感到一些失落，为曾经拥有过的一点美好，为曾经的海誓山盟，为婚礼上宣誓过的"无论今后……"。

为暴力行为开脱

萨曼莎的悲伤之情让她开始心软，理智的判断开始模糊，她放松了对哈里的戒备。像很多暴力执迷者的受害"目标"一样，萨曼莎开始为哈里的暴行开脱。

萨曼莎

我知道，我不会跟一个打女人的男人一起过日子，但我还是忍不住回想那天晚上的情景……也许，也有我的不是……我应该提前打电话告诉他我会晚点回家，我知道找不到我的时候他有多疯狂。也许那晚只是一次偶然，我是说，他以前从来没打过我……而且当时他看上去也惊呆了，像我一样吃惊……他看上去那么后悔……我的意思是，他并不是个魔鬼，否则我也不会嫁给他。

　　在离婚这件事上，萨曼莎毫不迟疑，但是她仍然玩着危险的推理游戏，通过为哈里的暴行开脱、分担责任，萨曼莎放松了警惕。很多受害者都会这样想，这让他们感觉自己当初选这个人也没有傻到家，他们的过去也并非一无是处。

当"目标"放松了警惕

　　萨曼莎毕竟还怀着哈里的孩子，这使得她对哈里的感情格外矛盾。所以分开一个月后，当哈里打电话想要见她的时候，可以理解的，她动摇了。

萨曼莎

　　我跟他说，他不应该再打电话来，因为限制令，也因为发生的一切。但是他说，我这么做让他太伤心了，我居然认为他还会伤害我。他这么说让我感到有些内疚。他说他只是想跟我说说心里话，他知道一切都晚了，但他还是想道歉，至少让分手别那么遗憾，就只当看在我们孩子的份儿上……听起来他是那么的理智，那么的温柔，而且满怀歉意……我居然没法拒绝，所以我告诉他，他可以来看我，但只有十分钟，然后他必须离开。他满口答应。

　　尽管有限制令，当萨曼莎答应见面，她实际上是给了哈里一个信号：她并不在意那道禁令。实际上，萨曼莎等于是准许了哈里开始重新追求她。确实，面对一个悔悟的、伤心的前任，人们很难做到铁石心肠，但是不管哈里说得多么悔恨，萨曼莎不应该忘了一个基本的事实，哈里还是那个曾经打过她的男人——什么都没有改变。

　　萨曼莎太大意了，她不该答应跟哈里见面的，而且更不应该单独见面，她那时在她母亲的家里，没有其他人在身边，完全没有安全保障。

萨曼莎

我们开始说话的时候还好，他告诉我，发生了这样的事他有多难过、多后悔，他想让我回到他身边，他想和我一起拥有我们的孩子，一个完整的家。我试着温和一点，但我还是告诉他，现在说这些太晚了，我再也没法相信他了，我没有了安全感。他试图说服我，我还是拒绝。这时他越来越烦躁，开始冲我大喊大叫。那时我害怕极了，所以我告诉他十分钟到了，按照约定他该离开了。但是我打开门，他拒绝离开，我就推他出去。当我想要关上门的时候，他发狂了，把我拖进大厅，我吓得尖叫，他把我推下楼梯。醒来时我在救护车上，浑身难以想象的痛。那天晚上我失去了我的孩子。我永远无法原谅我自己的愚蠢。

一瞬间，萨曼莎的生活坠入噩梦。除了流产，她还脑震荡，两根肋骨骨折，内出血差点要了她的命。而且因为孩子的死，她陷入深深的自责。

回想起来，萨曼莎意识到有充分的证据表明，哈里很可能重复他的暴力行为。如果哈里能为了她晚回一会儿这样鸡毛蒜皮的小事火冒三丈，那么面对离婚这样的痛楚岂不是要火山爆发？也许因为哈里之前没有打老婆的前科，萨曼莎放松了警惕，但这一次判断失误让她付出了惨痛的代价。

哈里最终因侵犯萨曼莎和过失致未出生的胎儿死亡，入州监狱服刑。萨曼莎的身体已经恢复，正在进行心理治疗，她准备五年内——哈里出狱之前——搬到另外一个州去生活。

"目标"们需要注意，如果执迷恋人以身体暴力的形式来发泄愤怒，说明他们没有控制自己的能力。这类人——无论是男人还是女人——愤怒时都根本无法运用理性，他们失去调整自己情绪的能力，行动起来不计后果。心情有多坏，行动就有多恶劣，这成了他们的习惯，很少有暴徒只作恶一次。

以爱之名的谋杀

　　除非"目标"们已经遭受过暴力，从这段惨痛的关系中走了出来，否则他们很难对发生暴力的可能性给予充分的重视，哪怕这种危险确实威胁着他们。

　　艾丽，三十三岁，在她妹妹惨死的悲剧发生后不久来找我寻求帮助。艾丽一进门就忍不住地流泪，她瘦弱的身形看上去弱不禁风。她告诉我，办完妹妹的葬礼之后，她严重失眠，体重骤降，她觉得妹妹的死责任在她。

　　艾丽告诉我，她的妹妹瑞秋和一位名叫格兰特的建筑设计师同居了一年多，格兰特英俊聪明，但瑞秋决定结束这段关系。瑞秋告诉艾丽她已经厌倦了格兰特的"喜怒无常"。但是格兰特不愿意放手，瑞秋搬走后格兰特费尽心思想把她追回来。每天给瑞秋送花、糖果和火热的情书，他还在瑞秋车上留字条——尽管她并没有去她常去的地方，这说明格兰特在跟踪她。对于格兰特的追逐，瑞秋的回应是不搭理，而且把他的礼物都扔掉了，她觉得这太烦了，但她认为这样下去总有一天格兰特会放弃，瑞秋觉得自己没理由怕他。

艾丽

　　后来有一天，他到我家来，求我帮帮他。他看上去那么伤心，那么爱瑞秋……而且我一直以为他是一个不错的人，肯定比那几个成天绕着瑞秋转的家伙好得多……而且他只是想要一个跟瑞秋说上话的机会。我跟他说，瑞秋很烦他太黏人。他求我让他跟瑞秋再谈一次，他发誓说要是瑞秋还不愿意，他就死了这条心，再也不来打扰瑞秋了。我想这也没什么坏处啊，所以我邀请瑞秋来吃晚餐，但没告诉她格兰特也在。

要是艾丽知道格兰特执迷到何种程度，她绝不会安排这场饭局的。但是瑞秋从来没有跟家人说过格兰特到底是怎样的人。

很多"目标"拒绝跟家人或朋友透露恋人的执迷程度。有些"目标"从小成长在一个很难得到支持和鼓励的家庭，即使他们跟父母说自己做了什么、感受怎样，也得不到回应。另外一些人和瑞秋一样，不愿让他人知道自己做过傻事，也许他们为自己遇上这样的感情而感到尴尬。瑞秋没能跟姐姐实话实说酿成了大祸。

瑞秋死后，她最好的朋友——也是唯一的知己——告诉艾丽，尽管格兰特从来没有对瑞秋动过手，但他常常在感情上虐待瑞秋。格兰特常常会发火，认为瑞秋没有百分之百关注他，而且他会一连好几天不理瑞秋。好几次他藏起瑞秋的车钥匙，不让瑞秋出去见朋友。还有一次他把瑞秋的一件高档礼服扔了，因为觉得公众场合穿那件衣服太"暴露"。

当瑞秋告诉格兰特自己要离开他时，格兰特恼羞成怒，放话说如果瑞秋离开，就杀了她。但是瑞秋并没把格兰特的威胁当回事，朋友劝瑞秋报警，瑞秋觉得没必要，坚持说格兰特一向就是这么神神道道的，毕竟他从来没有动手打过自己。

艾丽

要是她告诉我格兰特这样说，或者他们住在一起时，格兰特做过

的一些事情，我绝不会答应帮助格兰特。但是，瑞秋总是跟我说他有
多好……所以，当她过来吃晚餐，格兰特也在，我猜她可能会生气，
但没想到她火冒三丈，根本就没进门，她说我没权利这么做，然后转
身就走了。那是我最后一次看见她。

故事讲到这里，艾丽开始啜泣。她已经不用讲结局了——我在报
纸上读过。格兰特追着瑞秋到大街上，他们争吵了几句，格兰特掏出
枪对着瑞秋开了三枪，她当场死亡。

艾丽追悔莫及，因为妹妹的惨死跟自己脱不了关系，她深深地自
责。但是，艾丽并不知道格兰特竟然执迷到这种程度，才会被他轻易
利用。

未雨绸缪

和瑞秋一样，我们大部分人都有充足的理由相信，我们永远不可
能爱上一个可能伤害自己的人。我们拒绝面对错爱一个人的可能性，
也不愿意承认自己可能被浪漫冲昏了头脑。我们倾向于相信我们的判
断是正确的，我们真的了解自己的枕边人。

另外，我们很多人本能地以为暴力离我们很远，很难想象周围的
人有一天会攻击我们。瑞秋错误预估了格兰特，把他的威胁解释成
"一向神神道道的"。

很难说瑞秋可否做点什么来阻止格兰特行凶，但她可以重视格兰
特的威胁，来减少悲剧发生的概率。她应该把格兰特的威胁告诉警
方，她还可以把格兰特说的话做的事都告诉家人朋友，请大家帮她避
开格兰特。这并不是说瑞秋该为自己的不幸负责，即使她采取了很多
坚定的措施来保护自己，也未必就能万无一失。但是，她犯了一个世

人常犯的错误，低估了分手带给执迷恋人的痛苦，将自己推向危险的深渊——有时，生死只在一念间。

先知先戒备

我希望自己有一个魔法水晶球，帮你预测你的执迷恋人是否有威胁，可是没有人能清晰地预知别人的每一步行动。但至少，通过了解一个人特定的人格特征、行为习惯以及背导，能够大概预估在遭到拒绝的时候，这个人会不会出现暴力行为。

暴力前科：

历史不断地重演，个人的历史也不例外。在恋爱或婚姻中动粗的执迷恋人，在关系破裂的时候，更倾向于用暴力夺回控制权或发泄愤怒。但即使执迷者从来没有打过自己的恋人，也可以通过其他途径来判断他们是否存在暴力潜质，比如他们和别人打过架，或者曾经破坏东西、砸东西，或是生气时会捶墙，等等，这类执迷者在心烦意乱时有可能诉诸暴力，遇到被分手这种让他们极端愤怒的情况，他们相当容易失控，进而伤害对方。

毒品和酒精：

毒瘾酒瘾跟暴力往往是紧密相连的。毒品、酒精上瘾到底是生理问题还是心理问题，至今还在争论。但不管原因如何，瘾症表明这个人没有控制破坏性冲动的能力，行事不顾后果。

而且，酒精和毒品会扭曲一个上瘾者的判断力和感知力。当这种扭曲激化了上瘾者的愤怒或是弱化了他／她对后果的顾虑时，常常就会引发暴力。某些药物——特别是安非他命、可卡因或可卡因衍生物这类兴奋剂——往往会削弱人的自我约束能力或是强化非理性的嫉妒和猜疑，从而激化暴力冲动。

吸毒或酗酒的人在受伤的时候，会更加沉迷于毒品和酒精，暴力在所难免。

暴力威胁：

很多人的威胁只是放空话，但就像我们在本章中看到的，执迷者的威胁常常是说到做到。只要是威胁，都应该严肃对待。

暴力的家庭背景：

有两种形式的家庭暴力——虐待伴侣和虐待儿童。无论哪种形式的家庭暴力都在无形中告诉孩子，暴力是获得力量与控制权的有效途径。尽管很多从暴力家庭走出来的人，都发誓永不重演他们的童年噩梦，但他们之中有一些人不知道该怎样处理创伤。在暴力环境中长大的执迷者，遇到问题的时候常常诉诸暴力。

我想强调的是，这些只是征兆，而不是预言。但是如果你的执迷恋人具有上面任何一种特征，那么当你提出分手的时候，他／她做出暴力行为的可能性会比较大。对风险越警觉，你就越有能力采取措施保护自己。

保护自己

生活在一个充满变数的世界，我们无法化解所有的未知风险，但可以尽自己所能地利用一切保护措施，避免自己沦为暴力执迷者手下的受害者。

在工作中与暴力犯罪受害者打交道这么多年，我太了解我们国家的法律和执法系统存在的短板和漏洞，法律通常只有被触犯之后才会发生作用，而且很多时候都太晚了，这也就是我说的"他要是杀你，就给我们打电话综合征"。不过这些机构和部门现在也在改善，对于人们在还未受到切实伤害时的报警，反应越来越灵敏了。如果你感觉自己的安全受到了威胁，那么我郑重提醒你，请立即联系当地警方。

无论是谁，当你遇到暴力前任的时候，当地受虐妇女庇护所、你的个人律师以及法律援助办公室是你的重要资源。必要的时候，他们可以帮助你申请到限制令，甚至逮捕你的执迷前任——在一些州，发出暴力威胁就已经触犯法律。

就我所知，在一些极端的状况下，一些"目标"选择换工作、搬家甚至搬到另外一个城市去，来逃离执迷者。这样做虽然痛苦，但这是他们为了保护自己而做的选择。我还看到过很多悲剧，这些"目标"不愿意采取措施，或者拒绝求助于执法机构，只因为害怕自己看上去反应过度或者神经分兮。请不要羞于向你的家人、朋友或者执法机构表达你的害怕，在被威胁或遭遇暴力的时候，生命安全才是最重要的。

这不是你的错

幸运的是，大多数执迷恋人没有动用暴力，但如果你不幸地遇上了一位暴力执迷者，不要责怪你自己。即使你给出模棱两可的信息助长了对方的执迷，或者你忽略了危险信号，你也没有理由为执迷者的暴力负责。

暴力行为的责任在于行凶者

请不要拿别人的错误来惩罚自己，不要因为别人的犯罪和懦夫行径而自责。

如果你曾是执迷暴力的受害者，创伤可能会在你生活的方方面面留下阴影，会阻碍你敞开心扉去迎接另一段感情。如果你曾遭受过暴力犯罪，我强烈建议你去寻求专业的心理咨询，帮助你重建对他人的信任。

"目标"们需要从执迷恋情中解脱出来，正如执迷者也需要解脱。

3

第三部分

如何挣脱执迷爱恋的牢笼

第八章　执迷恋情的根源

如果这都不是爱，那还会是什么？

——罗伯特

是什么神秘的力量支持执迷者，以至于他们一举一动都如此的反常识、反人性？

为什么执迷者永不满足？为什么执迷者那么愤怒、困惑、害怕失去？

要回答这些问题，我们必须从根源开始挖掘，了解执迷行为是如何习得的。

幸福的依恋关系

我们每一个人都是作为纯粹的感情生物来到这个世界的。婴儿时的我们基本需求得不到满足的时候——饿了、困了、冷了、不舒服或者感到疼痛的时候，就会难过和生气。但是当我们安全地躺在妈妈的臂弯里，饱饱地喝上一顿热牛奶，就会达到绝对安全、温暖和满足的状态。我们和妈妈是一体的，对外面的世界一无所知。

无论年龄和性别，我们都无意识地渴望重新感受那种幸福，重新回到那种连成一体的安心状态。当然，我们永远不可能再找到那种幸福的依恋关系了，但那种感情已经扎根于内心深处。

依恋关系的破裂

随着自我意识的发展，我们开始意识到自己和母亲是分别独立的个体，我们开始意识到满足自己需求的资源来自外部，而不是我们自身的一部分，完美而绝对的依恋关系开始破裂。我们以为可以依靠的，却都是不可预知的，就像我们向往岁月静好，却无奈世事难料。当我们需要妈妈，她却不在我们身边的时候，我们第一次体验到了害怕，感受到了最原始的被遗弃的恐惧。

这是我们迈向"分离"的第一步，而且对于我们每一个人来说，都是痛苦的一步。你不可能像医生给婴儿剪脐带那样，咔嚓一下就切断了人生中最幸福的依恋关系。而且尽管随后的过程不一定那么痛苦，但也绝对不是容易的事情。

与母亲分离的过程，是我们渴望独立的天性，是与离开幸福安全的依恋关系带来的恐惧之间的斗争，这个过程激烈、压抑、反反复复，贯穿我们的童年和青春期，断断续续地折磨着我们每一个人。对于有些人来说，这个痛苦的过程一直延续到成年。

只有当我们的父母尽可能地以尊重、爱、鼓励以及保护来回应我们的需求，我们才能逐渐建立起对自己以及他人的信任，从容度过这场暴风骤雨似的、不可预知的分离。

当分离走向失控

父母之爱是唯一以分离为最终目标的爱。优秀的父母尽力将孩子培养成自信、自立和自主的人。但是对于一部分父母来说，无论他们多么努力，也挡不住造化弄人，正常的分离过程变得无比艰难。家庭成员生病，新成员的诞生，工作安排造成的父母缺席，父母不幸撒手人寰——以上任何一种状况，即使是在一个很温馨的家庭中，也会干扰孩了走向独立的步伐，让孩子产生被抛弃的感受。而且如果孩子感觉被抛弃了，他们就失去了分离的勇气，就像是失去了安全网的情况下第一次尝试走钢丝。

如果在一个健康和睦的家庭中，分离的过程都如此容易被打搅，可以想象，如果父母吓唬我们、虐待我们或者经常忽略我们，那么分离的过程就被蓄意扰乱了，我们的自信心和对他人的信任都会受到破坏，更难独立起来。如果我们成长在一个不健康的家庭，我们所需要的尊重、爱、鼓励和保护总是被忽略或被践踏，那么分离的过程已经不只是被打搅了，那几乎是脱轨了。

渴望重建依恋关系的连接强迫

不管分离的过程因为什么而受挫，我们开始变得表里不一。表面上我们好像越来越独立，但是在内心深处我们会感觉非常害怕，绝望地试图回到那个绝对满足、绝对安全，却永远回不去的港湾。对于执迷恋人来说，重新获取那种最幸福的依恋关系，已经不仅仅是渴望了，那是一种不顾一切的强迫——我称之为"连接强迫"。

为了更好地理解这种强迫的感觉，我们可以想象一个小女孩离开自己温暖的森林小屋，去探索未知的世界。走着走着遇到一个从来没见过的动物，她觉得很害怕，赶紧跑回家。这时，来自健康家庭的小孩会感受到家的温暖和安全，她的父母会好好调查，确定这个动物是安全的，鼓励孩子明天重新出发去探索。

但是来自不健康家庭的小孩发现自己被锁在门外，她疯狂地敲门祈求帮助，好像后面有野兽快要追上她一样。她看到了门后面的灯光，那一丝希望鼓励她更加急切地拍打家门，但是没人来救她。她越是求助，越是绝望。

执迷的恋人还在疯狂地拍打着门，但时过境迁，现在他们拍打的不再是父母的门，而是"目标"的门。他们孤独、绝望、被抛弃，他们深信那扇门后面有唯一的解药。尽管他们理智上清楚，森林小屋现在的主人是他们的"目标"，但门后面透出来的一丝希望让他们像小时候一样狂喜——那是再度找回最初幸福的希望。

当执迷者意识到，他们神秘的、难以捉摸的纯粹依恋感近在咫尺时，除此之外的任何事都不重要了。他们终于找到了天意所在，没有什么能够阻止他们去为之奋斗。极度期望激起的原始能量让他们觉得自己比以往更有活力，进一步促使他们不顾一切地追逐幸福的依恋。

拒绝：连接强迫的基石

当感情的救赎触手可及的时候，拒绝就是执迷者的终极噩梦。拒绝就是那扇啪的一声关在眼前的门。无论是被直截了当地拒绝了，还是仅仅因为需求太多而无法得到满足，执迷者都会被推向记忆深处的噩梦，儿时的痛苦、恐惧绝望再度袭上心头。

连接强迫不可避免地成为面对这些童年阴影时的一种反应，这并不是说所有被拒绝过的孩子长大后都变成执迷恋人。人类行为不能够一刀切地下定论，人生不是简简单单的拼图游戏，每一块图片都有其对应的位置。在爱情中，成年人的行为受到很多因素的影响，其中最重要的包括：

- 基因决定的基本人格特征。
- 体内生化失衡影响情绪和性情。
- 与兄弟姐妹的关系。
- 童年时与小伙伴的关系。
- 青春期的感情经历。

以上任何一种因素都能够极大地影响我们成年后的爱情模式。最新研究表明，基因在很大程度上影响我们基本的人格类型；体内生物化学物质的变化可以让人抑郁或喜怒无常；手足关系或童年伙伴关系出现问题可能导致我们成年后好斗、善妒或者孤僻；当我们脆弱的时候，青春期的情感挫折难免会在伤口上撒盐。

但对于我们大多数人来说，父母的行为是我们学习如何与恋人相处的课本，我们从父母身上学到男女之间应该怎样互动。父母如何对待对方，是我们长大后对待恋人的范本，同时我们也希望自己被那样对待。父母对待我们的方式，是我们对爱的理解的基础。

诺拉的故事就是所谓"童年被拒"的典型例证。诺拉在贝弗利山经营一家服装店，仅仅几次约会后她对汤姆爱得无法自拔。诺拉在密西西比州的一个小镇长大，她很小的时候，父亲在一次车祸中丧生，她的母亲很快再婚。

诺拉

我妈经常用一条像剃刀一样尖利的皮带抽我，她总说为我感到羞耻，她为我的南方口音感到羞耻，她为我的成绩感到羞耻……我十三岁的时候开始跟男孩厮混，我妈发现后开始防备我，生怕我接近继父。事实上，在家里从来没人拥抱我，我也从来不跟他接触。可就算我在家穿着运动服看电视或请继父帮我戴项链这样的小事，她也会责骂我。十四岁的时候，我怀孕了，我妈用一根电线狠狠地打我，现在我身上还留有伤疤。但我还是老样子成天往外跑，因为至少那样还能找到点温暖。一个男人只需陪我从外面回家，我就会爱上他，当你在家里找不到爱，你就会到其他任何你能去的地方寻找。

诺拉的情况再清楚不过了，她的童年和青春期就是在得不到关注、得不到爱的氛围中度过的。她妈妈的拒绝是赤裸裸、冷冰冰的。但是更多形式的拒绝并没有这么明目张胆。

诺拉

我四岁的时候爸爸去世了，我一直在想："如果他还爱我，为什么要离开我？"我不理解死亡是什么意思，我只知道他不要我了。

诺拉和大多数有过类似遭遇的孩子一样，把父母去世或离婚视为自己被抛弃。实际上，父母并没有摆明了要抛弃孩子，但很多情况下，孩子一样能体会到被抛弃的感觉。

就算是最贴心的父母，孩子也免不了偶尔会有被抛弃的感受，仅仅是因为让孩子回房间去反省，或者太忙了没注意到他们，等等。被抛弃是一种高度主观的体验，防止这种主观体验发展成为连接强迫的关键在于安抚孩子，消除他们的疑虑，让他们清楚地知道，爸爸妈妈爱他们，不是故意拒绝他们的。

大部分执迷者成长于不健康的家庭，他们小时候经常感觉自己没人爱、没人要、没人关心，或者被父母抛弃。可想而知，这种反反复复被拒绝的感受势必会让孩子对爱更加渴求。但是在孩子的眼里，爱的来源只有一处——总是冷冰冰的父母。他们越是渴望再度得到父母的爱，就越是被拒绝；他们越是被拒绝，就越是急切。就这样，极度渴求的连接强迫在他们心底生根发芽，一直延续到他们成年。

玛格丽特对菲尔的执迷，很大程度是复制了童年时期对父爱的渴望。玛格丽特小的时候她父母离婚，打那时开始，她就沉浸在对父爱的渴望之中。一次，她不请自来地出现在情人菲尔家里，却撞上菲尔和其他女人在一起。

玛格丽特

我七岁的时候，爸爸离开了妈妈，我后来才知道他是为了别的女人离开的。但当时没人告诉我这些，我不能理解他为什么要离开，我想肯定是因为我做错了什么，但怎么也想不出来错在哪儿。我只知道他不再爱我了，上一秒还在我身边，下一秒就离开了。他去了很远的地方，我一年多都没见到他，但是几乎每晚都能梦见他。他离开我的第一年，只给我打过一个电话，在我生日的那天。我记得那天妈妈送给我一辆自行车，但我仍然觉得爸爸的电话是最好的生日礼物，我太想他了。妈妈尽力想让我感觉好受一些，但无论她怎么努力，也缝补不好我内心的伤口。我愿意做任何事，只要能换爸爸回来。

玛格丽特渴望她的父亲，并且因为她深爱的父亲而悲伤，但她父亲在离开之后极少对她表示关爱和在意。如果他还跟玛格丽特保持一点父女之情，他也许能够帮助玛格丽特理解他为什么离开，让她不会感觉自己是被抛弃了。但是，玛格丽特的父亲离开了她的生活，也带走了这些问题的答案，这些问题在多年之后会找上门来，再度折磨玛格丽特。

父亲的离开让玛格丽特感到自责、受伤、没人爱、被抛弃和被羞辱。父亲带给她这么多的痛苦，自然而然，玛格丽特唯一的反应就是生气，但她又害怕"负面"的情绪会把父亲推得更远，因此玛格丽特选择把愤怒深埋在潜意识之中。

玛格丽特深信，只有父亲能够解除她的痛苦，不管父亲的离开带给她多么大的伤害，她还是无法抑制地渴望父亲回来。二十七年后，这种渴望在菲尔身上重演。

玛格丽特感到被抛弃，是因为她小时候确实被父亲抛弃了，但大部分孩子感觉被抛弃的时候，不一定是真的失去了父母。不过，他们的反应和真被抛弃一样的激烈。

比如说安妮，她成长在一个完整的家庭，但是在成长的过程中，她心头的重担和玛格丽特不相上下。安妮是一位发型师，当她的恋人约翰想要分手的时候，她砸碎了家里所有的玻璃制品，并且威胁要自杀。她第一次到我这里来的时候，跟我描述了她幸福快乐的童年。但随着记忆闸门的打开，她意识到了，小时候她的父母太关注她哥哥，以至于根本没有时间注意她的存在。

安妮

我哥哥是一个小神童，他无论做什么事都那么完美，所有人都那么爱他，包括我。但是当我八九岁的时候——他比我大七岁——发生了什么事，忽然间哥哥就跟爸妈频繁冲突，爸妈经常带他去看医生，而且他开始在学校惹麻烦，还到外面滋事引来警察。后来我才知道，他染上了毒品。但对我来说，这意味着我就像是不存在一样，而且我想不通为什么会这样，就好像是我总在喊："喂！大家瞧我在这儿哦！"但没人看我，爸妈没时间管我。我觉得他们不再爱我了，而且故意忽略我，我恨他们这样。

安妮的父母可能是爱她的，而且并非是有意忽略她的，但是他们一心都扑在儿子身上，感情上亏待了女儿。因哥哥吸毒引起的家庭风暴使安妮感觉自己被抛弃了，她需要关爱、需要鼓励的情感需求很大程度上未得到满足。

当安妮还是个孩子的时候，她不明白是生活中的突发事件搅得父母无暇照顾她，她只知道自己被忽略了，而且她很受伤。安妮得到了一个羞辱的信息，那就是父母觉得她不重要，而且她进一步理解为，自己不被需要。像所有的孩子一样，安妮需要爱和关注，但是有一天，没有任何解释，所有的爱、所有的关注忽然消失了，被抛弃的感觉掏空了她的心，没有什么能够填补。

和玛格丽特一样，安妮也是不可抗拒的家庭危机的受害者。就安妮而言，没人离开也没人死亡，但是被抛弃的感受是一样的痛苦。

还有一种形式的抛弃——有时是公然的，有时不易察觉——我发现特别多的执迷者都有这样的成长背景。这种被抛弃感来自父母的否定，这类父母对孩子持有不切实际的期盼，以至于他们的孩子从来都达不到要求。这些父母无一例外都是高高在上的完美主义者。

罗伯特的父亲就是这样。罗伯特是一名音响推销员，当女友萨拉想要离开他的时候，他一怒之下砸了萨拉的车。罗伯特的父亲是一位特别严苛的警察。

罗伯特

我没什么事能让他满意，我从来都达不到他的要求。要是我把书随意丢在桌子上，他会就"一屋不扫，何以扫天下"的问题对我开展一堂讲座；要是我拿回的成绩单不是Ａ，他会就"少壮不努力，老大徒伤悲"的道理展开深刻教育；要是我打棒球时出现了一点失误，他会就"台上一分钟，台下十年功"的道理念叨个不休。有时候我做得挺出色，他只是冷冷地说一句："运气而已。"我常常觉得自己就是他人生中的一大败笔，好像他根本不需要我，我不是他想要的孩子。

罗伯特以为他达不到父亲期望的唯一原因是自己太弱太差，他做梦也没想过父亲的标准很可能是不切实际的，所以他不断地尝试，不断地努力，想要让父亲满意。他越是努力尝试，当他不可避免地失败时，他就越感到羞愧和耻辱。

被同伴排斥

几乎所有被父母拒绝过的孩子都会感到羞辱，羞辱感让孩子长期萎靡不振，这种负面的感受不可避免地扭曲孩子的人格，影响孩子的交友能力。罗伯特的例子很好地说明了这一点。

罗伯特

我的学生时代很黑暗，我害羞、自卑、敏感，因为同学们常常喊我"耗子"，我恨他们这样，但我从不吭声。每次我看到有人在笑，尤其是女孩们在笑，我就觉得是在笑话我。每一天我都期待着赶紧放学。

同伴们的排斥对于得不到父亲认可的罗伯特来说，无疑是雪上加霜，进一步破坏了他的自信。结果，罗伯特变得害羞且孤僻。

在家里被忽略的孩子，到了学校或者出去玩的时候被同伴排斥，再常见不过了。他们之中有些孩子害怕跟同伴接触，因为他们总觉得自己会被轻蔑，或者被作弄。还有一些孩子，因为得不到父母的关注变得喜怒无常，很难交到朋友，或者总是哭鼻子，被同伴嘲笑。更有一些孩子，试图通过欺负别人或者做出一些愚蠢的冒险行为来吸引他人的注意力，弥补内心的缺失。

一个本来就缺少父爱母爱的孩子，再被同伴羞辱和排斥，那就是火上浇油，让他们越发急迫地渴望重新得到父母的爱。

童年抗争的延续：寻找父母的影子

孩子对抗被抛弃的方法很多，如果不能够通过语言来表达他们的伤心、恐惧或者愤怒，他们往往转而通过行动来表达这些痛苦。

有些孩子在学业、运动、文化活动甚至家务活上拼命努力，通过严苛要求自己来博取父母的肯定；另外一些孩子，无论是表达挫败感还是试图引起关注，他们选择通过制造麻烦来宣泄他们内心的痛苦，他们吸毒、酗酒、滥交、搞破坏或者打架闹事。这些孩子无论怎样抗争，永远都没有胜利的一天，这让他们更加绝望地挣扎。

作为成年人，执迷恋人遭到"目标"的拒绝时，他们已经没法"就事论事"地对待了，那是揭开了他们童年的伤疤。执迷者发现昨日重现，他们又吹响了抗争的号角，但现在他们长大了，更强、更聪明、更坚强，他们多了一筹胜算，这么多年过去了，他们终于看到了胜利的希望，他们的"目标"在不知不觉中给了他们生命中的第二次机会，这简直不可思议，太令人振奋。命运跟他们开了个玩笑，执迷者怀着不切实际的乐观，披上金光闪闪的盔甲再次投进了可悲的抗争。

在一些执迷关系中，"目标"一开始就拒绝了他们；但是在那些"目标"至少还爱他们、接纳他们的关系里，执迷者也无意识地自导自演被抛弃的悲情戏。重演童年时代被抛弃的经历是每一个执迷恋人的基本需求——没有抛弃，就没有斗争；没有斗争，就没有机会反败为胜。

但是，执迷者们遇到了一个窘境：想要在反抗被抛弃的斗争中扳回一局，曾经的斗争对象——抛弃他们的父母——却不在了。唯一的解决办法是，让他们的恋人取代最初的斗争对象，成为一个"象征的父母"。

当我跟执迷者们说，他们是把恋人当成"象征的父母"时，他们的反应无一例外都是不相信或者尴尬，好像我在暗示他们想要睡自己的爸爸妈妈似的，但是我向他们保证我认为"象征的父母"指的是情感上的代替（尽管弗洛伊德确实有关于恋母／恋父情结的理论），无关肉欲。

在将恋人看成"象征的父母"的过程中，执迷者不是像普通人那样重温童年时代对爸爸和妈妈天真美好的想象，他们是重演童年悲剧。执迷恋情是他们的舞台，过去的故事和悲伤被替换成活力四射的新演员，老调重弹。而且，如此大费周章的唯一目的，就是将这个过去的故事换上一个新结局——一个开心的结局。

熟悉的事情，熟悉的感觉

当玛格丽特第一次跟我讲她父亲忽然离开的故事时，我告诉她，她是把菲尔当作"象征的父亲"了，玛格丽特不相信。但随后我指出了这两个男人之间的相同之处：

- 她父亲毫无征兆地离开了。

  菲尔也是毫无征兆地忽然离开。

- 她父亲的离开是因为别的女人。

  菲尔的离开也是因为别的女人。

- 她父亲偶尔打来电话,让她心存希望。

  菲尔时不时地跟她上床,也让她心存希望。

- 她父亲离开后,对她漠不关心。

  菲尔离开后,对她毫不在意。

菲尔不经意地揭开了玛格丽特内心的旧伤疤,让玛格丽特陷入跟过去一样的绝望和渴望之中,就像父亲当年忽然离开她时一样的悲伤。玛格丽特非常恐惧,她害怕菲尔像父亲一样抛弃她,也同样害怕再回到那样的悲伤之中,所以她拒绝接受菲尔的离开,就像以前拒绝接受父亲的离开一样。

当玛格丽特还是个小女孩的时候,她无法去追回自己的父亲。但现在不同了,对菲尔,她有机会克服往日的无助,她不再像小时候那样甘于被动。面对菲尔想要离开的意图,她奋起抗争,她下意识地相信她能够改变菲尔,她最终能够取得胜利,让自己不被抛弃。当我跟玛格丽特对比了她对父亲的感受和她对菲尔的感受,她越来越清楚其中的相似之处。

不同的事情,熟悉的感受

雷蒙德的情况和玛格丽特不同,雷蒙德现实中的父母和"象征的父母"之间并没有太大的相似性。雷蒙德是我们前面提到的电影摄影师,他对自己的协同执迷恋人凯伦有着极强的占有欲,而且他总是缺乏安全感，即使凯伦仅仅是关上浴室的门，他也会感到非常痛苦。

雷蒙德小时候长期被酗酒的母亲忽略，成年以后，当凯伦忽略他的时候，他内心的体验和小时候非常相似。但实质上，现实中他和凯伦的恋爱关系和他内心里的童年阴云并没有明显的相似性。

雷蒙德

我妈成天不是对我大喊大叫，就是烂醉如泥，好像她希望我不存在，好像我是她的包袱。我爸爸总是在加班，我也实在无法指责他不愿意留在家里，毕竟我妈那样……可这样，家里就只剩我和我妈，我试着为她做很多事情，好让她知道我有多爱她，但无论我怎么做她都不会满意。

雷蒙德感受到的被抛弃，源于双亲的情感渎职，但主要责任在于他的母亲，雷蒙德的母亲长期对他进行言语虐待和感情虐待。在现实中，母亲并没有真的将他遗弃或是赶出家门，但她让雷蒙德成了精神世界的孤儿。

成年后，雷蒙德回到家从来没有发现凯伦喝醉，凯伦也没有责骂过雷蒙德，更没有情感虐待过他。事实上，她努力当一个好伴侣。但是，凯伦就连在浴室里单独待一会儿这样的小事，也会触发雷蒙德的童年阴影，让他感到害怕和挫败。尽管雷蒙德的童年跟如今凯伦的一举一动毫无雷同之处，但雷蒙德的反应却跟小时候如出一辙。除了蹒跚学步的孩子，还有谁会在父母关上浴室门的时候惊恐万分？除了小孩子，还有谁会因为父母不开那扇门而愤怒？

当凯伦最终提出分手，她让雷蒙德离开——这是一种童年时没有经历过的体验。尽管如此，凯伦的拒绝再一次让雷蒙德感受到小时候的挫败和愤怒，以为自己不够好、没人爱。他要跟同样的失去和被抛弃斗争。小时候得不到妈妈的爱，现在唤不回凯伦的爱，对雷蒙德来说是一样的绝望。

尽管母亲与凯伦之间没有相似之处，雷蒙德还是被小时候经历的抛弃感淹没了。他把凯伦当成了"象征的母亲"，投身反抗抛弃的斗争。

怎么可能把她当成他？

就像把恋人当成"象征的父母"并不需要他们做过相似的事情，两者的性别也不需要一致。尽管许多咨询者的恋人在长相、行为习惯、说话方式或者其他方面跟他们的父母并没有相似之处，但这些外部特征并不起决定作用。

罗伯特的经历就是一个特别偏激——但并不算反常——的例子。

罗伯特

我十四岁那年，父亲有了别的女人并且最终离开了我母亲。这太可怕了，我只是觉得他不能离开，不能离开，不能离开……我脑子里一直对他喊着不要离开，我觉得我必须想个方法出来留住他，我觉得我们的整个生活都要崩溃了，我必须找个法子阻止他。我记得有一次，我藏在他的卡车后面，跳出来抓住他和那个女人，他真的是暴跳如雷，但我只是不停地求他跟我回家，他朝我大吼大叫，要我闭嘴，但我还是苦苦哀求。后来他开车走了，留我一个人在那儿。

二十五年过去了，当萨拉拒绝他的时候——尽管他已经风风雨雨历练了多年——小时候被父亲抛弃的痛苦再度占据了他的内心，除此之外，其他感受都不重要了。他拒绝放弃萨拉，就像曾经拒绝放弃父亲。罗伯特的"象征的父亲"是一位女性这个事实已经不重要了，在情感的世界里，他还是那个躲在卡车后面，决定要改变现实的小男孩。再一次，他觉得是因为自己不够好；再一次，他的情感世界遭遇痛失所爱的危机；再一次，他羞愧万分。他重蹈童年覆辙，萨拉触痛了心底的陈年旧伤，他把萨拉当成"象征的父亲"。

尽管萨拉触痛了罗伯特内心的旧伤疤，罗伯特仍然很难接受他把一个女人当成了"象征的父亲"这个说法。

罗伯特

你看，他是他，她是她，我怎么可能把他们混为一谈？我是说，我可能确实是非常困扰，但我还是很清楚父亲和萨拉的区别的。

其实，性别对于选择"象征的父母"并不重要。男友可能会被当成妈妈的替身，女友也可能被当作爸爸的替身。甚至，有些"目标"在他们的执迷恋人眼中"又当爹来又当娘"。

尽管有些执迷者可以将任何一个伴侣当成"象征的父母"，但另外一些执迷者看上去只回应他们恋人身上的某些特殊性格，或者共鸣之处。这些特性和共鸣都是极其主观的存在，常常深藏在执迷者的潜意识之中。只有一个方面是所有"象征的父母"共有的：他们都有一种神奇的能力，可以唤醒执迷恋人内心深处强烈的连接强迫。

"救世主情结"的根源

"救世主恋人"在执迷者中属于独一无二的群体，因为他们需要一类特殊的"目标"来共同出演一场执迷大戏。他们需要拯救"问题情人"的情结，可以说是无一例外地发源于童年时期一种特殊的抗争。

"救世主"的父母，通常至少有一方要么酗酒、吸毒、长期患病、严重抑郁，要么身体或者心理不健全。因为自身的问题严重，以至于他们很难有能力去满足孩子的情感需求，他们甚至连自己都照顾不好。结果，他们的孩子长期处于缺爱状态，而且就像我们在这一章里看到的，孩子们情感得不到满足的时候，总以为自己是被抛弃了。

在"救世主恋人"身上，童年时期被拒绝的经历常常混杂着一种令人费解的角色颠倒。孩子为了克服被抛弃的痛苦，主动为父母的疏忽担责，希望能赢得父母的欢心。孩子们实际上是自己扮演起父母的角色。

另外，类似的角色颠倒有时候发生在一些破碎的家庭中，比如父母离婚、父母有一方死亡或者抛弃另一方，这种情况下，留下的一方跟孩子相依为命，很容易把所有的感情都寄托在孩子身上，孩子被当作伴侣的替身。让单亲幸福快乐的重担就落在了孩子稚嫩的肩上，这个任务对大人来说都不轻松，何况一个弱小的孩子。

这些孩子全情投入地扮演好颠倒的角色，照顾父亲和母亲成了他们生存下去的必要条件，也是他们反抗抛弃的途径。

成年之后，他们的抗争还在继续，他们试图解救"象征的父母"。他们用小时候学到的方式继续去照顾恋人，希望最终能够解救恋人，获得他们渴望已久的认可。

娜塔莉从小就知道自己在扮演救赎者的角色。她是一名中学老师，她总是帮恋人里克解决他层出不穷的经济危机。

娜塔莉

我父亲是个酒鬼，他清醒的时候风趣又和蔼，是个好得不能再好的父亲，可他要是喝酒了，就会直勾勾地盯着墙，像个僵尸一样一动不动。这真是糟透了！妈妈不得不做两份工作，因为我爸一份工作也干不下去，所以我每天一放学就得赶紧跑回家收拾屋子，准备晚餐。记得那时候我还得踩在凳子上做饭，我的身高还够不着炉子上的锅。每天早晨我做饭的时候，也给爸爸做好一份三明治留着当午餐，祈祷他这一天能吃点什么。可怕的是当我放学回家，看到三明治原封不动地待在冰箱里，爸爸就坐在几步开外，拎着酒瓶，双目无神，我觉得我没照顾好他。晚上我表演一些小节目，想让他清醒起来，但每次都是节目还没演完，他又发呆了，我就觉得是自己不够有趣。我特别爱我的父亲，我只是想让他好一点，振作起来，别再喝酒了，这样他就可以找一份工作，妈妈就不用那么辛苦了，我们就能过上快乐幸福的生活。但是无论我怎么做都没有用，他从来没改变过。

娜塔莉的所作所为已经超越了一个孩子的职责，她想让父亲感觉好一点，但是没人为她做点什么，好让她感觉好一点。繁重的工作使得她妈妈每天在外面忙到很晚，娜塔莉只能在早餐时和周末看到她，而且父亲酗酒的问题已经耗尽了妈妈的感情，筋疲力尽的她无法给娜塔莉足够多的爱了。娜塔莉更不可能从父亲那里得到什么情感支持。

尽管责任感让娜塔莉觉得自己很重要，但同时她也觉得自己很孤独、没人爱。她越是感觉缺少爱，就越是努力地照顾父亲，以此对抗被抛弃的感受。娜塔莉的逻辑是：如果她做得足够好，就能让爸爸好起来，全家人的生活也都会好起来，爸爸就会爱她的。

娜塔莉就好像在玩纸牌游戏的赌徒，拿到了一把烂牌却依然非常渴望赢下这局。她不仅要用稚嫩的肩膀挑起成年人的重担，而且试图去挽救一个破罐子破摔的成年人，这些任务显然远远超出小娜塔莉的能力范围，这个可怜的孩子注定要失败。

不能解决父亲的问题让小娜塔莉深深感到自责，而且，童年的内疚一直伴随着她直到成年。

多年以后，当娜塔莉拿出大笔的钱帮助里克，而里克仍然指责她付出得不够时，一下唤醒了她内心深处的自责感。里克的抱怨让娜塔莉感觉自己似乎被抛弃了，她处理这种感受的方式和小时候一样——拿出更多的钱，付出更多的关心，做出更多的牺牲。

在为娜塔莉进行心理咨询的过程中，我知道了里克并不是娜塔莉遇到的第一个需要拯救的"问题情人"。娜塔莉的前夫是一个酒鬼，而且她大学期间差点跟一个抑郁症患者结婚。回想起过往的几段恋情，娜塔莉开始意识到，她总是爱上需要救助的男人。

柯克也是这样，总是被"问题情人"吸引。柯克以前酗酒，现在正在戒酒，他的恋人洛丽塔酗酒又吸毒。洛丽塔一次又一次地离开柯克，只有在需要钱或容身之地的时候才会来找他。柯克和洛丽塔的相处模式完全是他之前恋爱经历的翻版，跟娜塔莉一样，柯克发现自己是重蹈童年覆辙。

柯克

即使我那时候还只是个小孩子，我也知道我妈妈谁都不爱。她自言自语，忽然发火扔东西——抓着什么就扔什么——指责有人偷她的东西，她觉得所有人都与她为敌。她频繁进出医院，然而只是浪费医疗费罢了，她的状态还是每况愈下，这真的让人很难接受。我依稀记得，在我很小的时候，妈妈常常唱歌给我听……那时候我们总是欢声笑语。但是我十岁的时候，她好像忽然换了个人。唉，说起来可真伤心，我眼睁睁地看着她的状况越来越差，到了不能自理的地步。所以父亲只好请了个护工，周末的时候，我就是妈妈的护工，父亲得研究他的工作或是忙其他事情。我陪着妈妈，哄她吃饭，我常常把药塞在食物里，因为她认为那是毒药。有时候她把餐盘掀翻，我就得打扫干净。最难的就是让她平静下来，她总是疑神疑鬼，以为敌人来了，不停地让我检查所有的门窗。我向她保证没有人进来，但是十分钟后，她又开始恐慌了。我试了所有能想到的方法安抚她，她的抑郁症还是越来越严重，这真他妈的让人崩溃。

长期照顾严重心理失常的母亲，柯克不仅学会了当一个救助者，而且对混乱和无理的容忍力越来越强。柯克人生中最早接触的爱是混杂着高度焦虑的，他开始把爱与内外交困联系起来。

多年以后，洛丽塔自暴自弃、反复无常的行为把柯克本来就不平稳的生活搅得一团糟，也搅乱了柯克的心，深藏在潜意识之中关于爱的感受浮出水面。再加上洛丽塔看上去麻烦不断，这太吸引柯克了，他无法不去拯救洛丽塔。柯克试图拯救洛丽塔，为过去拯救不了母亲的经历续写一个象征性的胜利结局。

在洛丽塔之前，柯克的爱情之路一直都是这么战斗着走过来的。

柯克

洛丽塔算不上是第一个，之前我已经经历过三个女人，或者说三个女人经历过我，得取决于你怎么看了。每次都差不多——彻头彻尾的失败者。我尽力让自己远离是非，我不惹是生非，没有蹲过牢房，也没试图自杀，但我总是管不住自己，总是爱上一个又一个糟糕透顶的人。现在是洛丽塔。我知道无论从哪方面看，她都不适合我，我不该再与她纠缠下去，但我就是放不下。

在潜意识里，柯克相信如果能够解决恋人的问题，他就能克服小时候留不住妈妈的无助感。

像柯克和娜塔莉这样的"救世主恋人"从小就相信，如果父母那些糟糕的问题能够被解决，他们就能得到爱。长大后，为了重演小时候的抗争，他们很容易被"问题情人"吸引，其他正常人反倒满足不了他们的需要，扮演不了他们的问题父母。

但是，尽管他们重演抗争的方式如此奇特，"救世主恋人"的动力还是来自被抛弃的痛苦，就像所有执迷者一样，他们都有连接强迫倾向。

高度戏剧化的需要

来自混乱家庭环境的执迷者——他们大部分人确实都来自这样的家庭——耳濡目染中把爱和高度戏剧化联系起来。我说的"高度戏剧化"指的是一种混乱的感情状态：压力、烦扰、不可预知、刺激、嫉妒和爱混杂在一起形成的复杂情绪。在这样的环境中长大的执迷者喜欢在成年后的爱情中重演小时候的悲情剧，他们总是重现熟悉的、高度戏剧化的焦虑。

玛格丽特

回想我做过的那些疯狂的事情，真的是太夸张了。但是，我妈就是这样对我爸的，他们常常打架，家中气氛很紧张，在我印象中是这样的，他们像演戏一样大吼大叫、大打出手，随后又如胶似漆。而我也是这样对菲尔的，这是保持激情不减的方法。事实上，他开始找别的女人，确实让我很受伤，但这种痛其实很刺激，这是我对他的激情的一部分，时好时坏——要么飘在云端，要么跌入谷底，但是我告诉你，我从不厌倦。

持续追逐菲尔的过程中，玛格丽特感觉自己生活在悬崖的边缘，似乎还是过去那个小女孩。诡秘的午夜盯梢，令人难堪的电话骚扰，充满悬念的忽然造访，偶尔干柴烈火的缠绵，发现对方移情别恋的痛苦——多么狗血的剧情！这才是真爱，还能更火爆一点吗？！

成年后的感情中如果没有了狂热的焦虑，执迷者感觉就像是放了气的轮胎，失去了激情，好像爱情已经黯淡了。

焦虑是高度戏剧化的源泉。尽管焦虑让大多数人感到不舒服，但是对于执迷者来说，那就像一个电荷脉冲通过他们的神经，他们感觉就像坐着情绪的过山车一样惊险刺激。

为什么非他不可？

一门心思地重演儿时悲剧使得执迷者的心理视野都非常狭窄，因为他们将恋人当成"象征的父母"，而父母是不可取代的，他们看不到其他选择。

玛格丽特相信菲尔是她唯一的精神支柱，自己非他不可。即使后来她屈辱地发现菲尔有了别的女人，也无法放手。

玛格丽特

我觉得自己双手抓着悬崖边摇摇欲坠，我怎么能松手？我要么紧紧抓住菲尔，要么粉身碎骨。

同在一个心理辅导小组的同伴问玛格丽特，为什么不去试试跟其他人约会呢？玛格丽特的回答是，她甚至都没考虑过这个可能。我一点都不感到奇怪，毕竟菲尔已经被她当作"象征的父母"了。二十七年前的她从没想过要换个父亲，现在的她也不可能想象去换个恋人。

如果你把恋人当成了父母的替身，还在延续童年时绝望的抗争，为了得到你一直渴望的理想爱情拼尽全力。那么此时，你已经变成了一个有连接强迫的囚徒。

我向你保证，你可以解放自己。接下来的一章里，我将告诉你怎么做。

第九章　制订治愈课程

执迷是可以被治愈的。也许你正在为一段已逝的恋情悲伤不已；也许你还在苦苦纠缠一个不喜欢你的人；也许你明知自己的执迷快要毁了这段恋情，还在笨手笨脚地挽留。尽管治愈之旅并不容易，但痛苦会慢慢减少，你会慢慢地平静下来。

在这个过程中，我将指导你做一些特殊的练习，教给你一些技巧，用来帮助你摆脱执迷，或者能在一定程度上控制自己。当然，这些需要你拿出足够的时间、精力、勇气、决心和耐力。这些练习和技巧帮助了很多的人，相信对你也会有帮助的。

转移你的注意力

大多数前来咨询的执迷恋人都希望我能帮他们挽回恋人。他们希望我能够"修正"他们，让他们更可爱，更令他们的"唯一完美的恋人"喜欢。不幸的是，他们走错了方向，我们的目的不是让你的前任回头，而是让你自己悬崖勒马。

如果你想摆脱执迷的痛苦，那么你必须把注意力从你的恋人身上转移到你自己身上。

直到现在，你一直把自己的感情寄托在恋人身上。如果对方接受你，你就高兴得上了天堂；要是对方拒绝你，你就痛苦得坠入地狱。这种责任的错置对你的恋人是不公平的，对你自己也不公平。将注意力放到自己身上，你就开始对自己的心理健康负责，而且你理应如此。

别介意你会太过于关注自身，为了把注意力转移到自己身上，这是你必须经历的一个阶段。我想要你全力以赴找回错位的尊严、自信、自我价值感以及好好恋爱、享受爱情的能力。

再说一遍，请不要抱着重新追回恋人的目的来做这些练习。如果你做出了改变，恋人重新回到你身边，那再好不过。如果没有，那么你所做出的这些努力能够让你平静下来，以全新的方式迎接新的恋情，或者即使没有恋爱也能好好生活。对于你来说，最大的胜利就是重新发现自己的价值。

放轻松，慢慢来

在治愈课程的前两周，我不会阻止你去见你的恋人，或者禁止你去想他 / 她。事实上，我甚至不会干预你的任何执迷行为。

我知道对你来说，考虑放下执迷是多么可怕的事情。也许，你害怕如果放弃执迷，爱情也会放弃你。在大多数执迷者看来，执迷和爱是相互依存的，他们很难把两者分开来考虑。欲速则不达，所以我们避免直奔主题，我们循序渐进，采取缓慢、小心而且尽量减少痛苦的方式开展课程。

给自己的执迷记本账

在你着手从执迷的念头、感受和行为中逃脱之前，你应该弄清楚它们是如何影响你的。要弄清楚这些，第一步要做的就是给你的执迷记本账。

船长们总是最清楚航海日志的价值，他们记录潮汐规律、天文现象、罗盘读数、航向变动、气象条件、船员行为，一应俱全。如果他们偏离了航道，航海日志可以帮助他们确定是哪里出了问题。

为了帮助你评估自己的生活"偏离航道"到了何种程度，你需要连续几个星期记录下自己的执迷行为。这些记录能够揭示你是怎样越来越糟糕的。

怎样记日记

日记的形式很简单。你的执迷行为——无论是否涉及你与恋人的接触——都是由你对他／她的强烈情感驱动的，所以每当你满心都是他／她的时候，或者与对方接触的时候，就记录下来。

如果你的恋人只是在你脑海里一闪而过，那就不必记下来了。但是如果你想得不能自已，他／她在你脑海中挥之不去，或者你为之感到焦虑，你就要重点记录下来。

每一条记录将包括日期、时间和以下六个问题的答案：

1. 是什么触发这个想法的？

2. 我想了些什么？

3. 我有什么感受？

4. 我想做什么？

5.我做了什么？

6.结果怎样？

你的答案长篇大论也好，寥寥数语也行，长短并不重要，重要的是记录下自己的想法、感受和行为，这样以后你可以清楚地反观自己。

有的人随身带着日记本，走到哪儿写到哪儿。还有一些人每天傍晚拿出半小时，根据回忆或者是白天随手记的便笺来写日记。不管你采用哪种方法，坚持认真记录就好。

对于很多人来说坚持写日记是一项艰巨的任务，尤其是当你满脑子都是你的恋人时，根本没有精力做其他的事。还有一种可能，你的情绪非常低落，很难提起精神来写日记，宁愿蜷缩在床上蒙着脑袋什么都不做。

但是，坚持写日记会让你感觉好一点。为了逃出执迷的魔咒，为了你自己，必须奋起一搏。

理解日记上的问题

每一个问题都涉及执迷的一个方面，以及它对你生活的影响。因为每一个问题涉及的方面彼此之间都是紧密相连的，所以很容易混淆。通过坚持写日记，你能够学会区分执迷的想法、感受和行为。这有助于你着手控制自己的执迷。

回答日记中问题的时候，需要记住：

1.是什么触发这个想法的？

要回答这个问题，你必须知道什么是你的"触发点"——那些特殊的情景、声音、味道、感觉、地点以及那些容易触动你心弦，让你想起他/她的事情。触发点可以是一段情意绵绵的旋律、飘过的香水味、一家中意的饭馆、一天中的某个特别时段、一部浪漫的电影、一张照片、响起的敲门声、日历上的纪念日、欲望的萌动、恋人送给你的礼物……任何让你想起他/她的东西。

2.我想了些什么？

这个问题听起来比实际上更容易，因为当你开始想他/她，你可能一想就好几个小时，关键是你得试着把那些复杂的想法浓缩成几个句子。无论涉及回忆、幻想、希望还是念头，你可以具体点（"我记得他用那个咖啡杯喝香槟"），也可以笼统一些（"好想知道她在做什么"），随你喜欢。

3.我有什么感受？

我们常常用一两个词就能描述自己的感受——"开心""悲伤""生气""自责""爱慕""妒忌""性感""焦虑""兴奋""狂喜""害怕""羞愧"等等。但是感受本身常常并不是这样简单，人们常常百感交集，你可能一时间生出很多感受。回答这个问题的时候，试着提醒自己完整地记录下所有的感受。

4.我想做什么？

当你想起你的恋人，你总会想做点什么。你也许想去见他/她，也许想大醉一场，也许想要报复。不管你想要做什么，都记下来。如果你想做的事情在你看来是无理的或可耻的，那么这个问题也许会让你感到尴尬，但请不要停笔，一定要诚实地记录下你的答案。

5.我做了什么？

回答这个问题的时候，请注意我们讨论的不仅仅是你对恋人的追逐行为，你对恋人所思所感引发的所有行为都包含在内：吃了一大桶冰淇淋，驾车到他/她家门前盯梢，看了一场浪漫电影，埋头工作，或者仅仅是盯着墙发呆。只要是你的执迷想法和感受驱动的行为，都要记录下来。

6. 结果怎样？

这个答案不止一个方面。如果你与你的"目标"有任何接触，那么首先这个答案应该包括对方的反应：他 / 她有没有挂了你的电话？哭了吗？报警了吗？其次还包括所有的现实后果：砸了人家的车、宿醉、无法工作等等。最后，你对自己做的这些事情有什么感受：悲伤、屈辱、安心、愤怒——只要是你真实的感受。任何行为都会带来外在和内在的双重感受，我希望你能兼顾。

一个重要的区别

几乎所有前来咨询的顾客在第一次回答这些问题的时候都会感到困惑，因为他们像我们大多数人一样，有时候很难将想法和感受区别开来。

在我们的意识里，想法和感受紧密地交织在一起，它们之间的界限往往并不清晰。不过，有一个简单的方法可以将两者区分开来。这也许听起来像智力训练，但是——只要看过我其他书的读者都知道——我认为想法和感受之间的关系是改变行为的核心因素。

我们大部分人通常都容易犯同一个错误：在描述想法时，说出来的其实是感受。我们经常说："我感觉这部电影太长了"，但这不是感受，这是想法，真正的感受是"厌烦、无聊、失望"。

与表达感受的方式不同，我们通常用完整的句子来表达想法。想法通过语言把看法、观念、意见融合并表达出来。为了更清楚地说明这一点，我从一些执迷恋人的话中挑选一些例子供大家参考：

"我觉得我的恋人总是言不由衷。"

想法：我的恋人总是言不由衷。

感受：焦虑、害怕、不安。

"我觉得我们会共度余生。"

想法：我们会共度余生。

感受：希望、激动、快乐、爱。

"我觉得我的恋人爱上别人了。"

想法：我的恋人爱上别人了。

感受：害怕、妒忌、生气、屈辱。

在日常交流中，想法和感受的区别并不算特别重要。但是当你的想法和感受成了执迷的一部分，而且你想重新回到正常的生活轨道，那么把想法和感受弄清楚、区分开就是必须的。

解析自己的行为

如果你发现自己在回答"我做了什么？"这个问题时有困难，那么很可能你的行为是被动的。有些执迷行为很显然是积极主动的——电话骚扰、驾车盯梢、跟踪等等。还有一些执迷行为，虽然不那么张扬，但也属于主动为之——像暴饮暴食、吸毒、酗酒等等。此外，还有被动、消极的执迷行为。

相比主动行为的"坏事"，被动行为显得"误事"，相比你做了些什么，消极行为的特征是你什么都不做。消极的执迷者通常整天躺在床上，不跟朋友们联系，也不工作，忽略自身的需求。这样消极被动的执迷者往往患上了抑郁症。

你也许认为被动的行为根本算不上行为，但我跟你保证它们就是。盯着墙一动不动跟不停地拨电话一样都是执迷行为，两者都是执迷想法和执迷感受的具体反应，一样危害你的心理健康。

如果你是一位有被动行为倾向的执迷者，不要忽略你实际上做了些什么，即使你只是"睡了一天"，也要记录下来。你会发现，随着你对自身被动行为的切实关注，你会越来越清晰地认识自己状态，你的日记也会写得越来越得心应手。

一些日记样本

很多咨询者最开始听到写日记这个建议的时候都被吓住了，特别是写下第一笔之前。诺拉就是一个最好的例子。

诺拉

我高中的时候就讨厌写作文，现在也没好到哪里去。我每天工作都很累，实在没有力气再做家庭作业了。我很低落、筋疲力尽，回到家的时候只想瘫倒在床上，哪有力气写这破玩意儿。

像很多人一样，诺拉到我这儿来咨询，是希望我能挥一挥某种神奇的魔杖，让她感觉好受一点。可事实是，没有谁能在每周一两个小时这么短的时间内解决如此重大的个人问题。就算我每天都能见到诺拉，在治疗之外她还有完整的生活。如果诺拉想要改变，那么她必须着手把心理辅导课的内容融入生活中去。

我一点都不奇怪她说太累了没力气去写日记——她把大部分的精力都放在了汤姆身上。但我向她保证，如果她试着开始写日记，我们可以把那些浪费掉的精力转化成正面的人生转变。

　　我提醒诺拉，她不必事无巨细地把所有想的和做的都记下来。每个人的日记都不一样，在细节和条目上"丰俭由人"。她只需要通过连续几周的日记，尽可能勾勒出自己完整的执迷模式。一番抱怨后，诺拉最终同意试一试。过了一周，诺拉带来了一摞活页纸，这里有一些她的记录：

　　星期一，上午，8：20

　　是什么触发这个想法的？电话响了。

　　我想了些什么？可能是他。

　　我有什么感受？期待、激动、紧张。

　　我想做什么？跟他说话。

　　我做了什么？接了电话。

　　结果怎样？不是他，是我妈妈——我莫名其妙地冲妈妈发了一通火。

　　星期一，上午，8：30（距上一次记录间隔十分钟）

　　是什么触发这个想法的？打电话的不是他。

　　我想了些什么？我要听到他的声音。

　　我有什么感受？失望。

　　我想做什么？跟他说话。

　　我做了什么？给他打电话。

　　结果怎样？我知道他会生气，所以他刚刚接电话，我就挂了，我感觉自己是个胆小鬼。

　　星期一，上午，8：30-11:00

　　是什么触发这个想法的？一想起他，我就不能自已。

我想了些什么？他知道是我打的电话，他厌恶我的骚扰。

我有什么感受？丢脸、伤心、绝望。

我想做什么？趴在床上痛哭一场。

我做了什么？吃了一份冰淇淋当早餐。

结果怎样？整个早晨我都在想他——即使上了班也还在想。

你可以注意一下，诺拉的前两次记录和第三次记录有明显区别。前两次记录提到了具体发生的事情：电话铃响勾起了她的希望，以及她打电话给汤姆的结果。第三次记录则更加笼统，只写了她在一大段时间里沉浸在对前男友的各种想念中，没有具体事件描述。

诺拉说，当她用"一想起他，我就不能自已"来回答"是什么触发这个想法的"这个问题时，她感觉很不好，因为她觉得这样回答问题不正确。我告诉她——我对所有咨询者都说过——这里没有对错，别因为日记而焦虑，没人会给你的日记打分。

日记的形式不重要

诺拉的日记言简意赅，电影摄影师雷蒙德的日记则洋洋洒洒。尽管雷蒙德的工作很忙，但是他很愿意写日记，因为他期待日记能帮助他战胜执迷倾向，挽回与凯伦的爱情。

雷蒙德和凯伦前来咨询的时候，他们已经分居两个星期了。尽管他们想同时参加心理辅导，但我决定让雷蒙德提前接受几个月的单独治疗，因为相对来说，雷蒙德是执迷行为失控的那位。同时，我建议凯伦去参加一个妇女帮扶小组，在那里重点学习设定界限，清晰地沟通和坚定自信的态度。我向他们保证，他们先分头处理好各自的问题，然后再来一起咨询会事半功倍。他们都答应了，并立即行动起来。

雷蒙德非常积极并且很快开始写日记。这里摘取他的一篇日记作为例子：

星期天，早餐时间

是什么触发这个想法的？咖啡的香味总是让我想起凯伦，她做的摩卡独一无二。

我想了些什么？我在想，要是这会儿凯伦在我身边，我该有多开心啊！咖啡会更香醇，我能有人说说话，也许我们还能缠绵一番，我们过去常常一起看报纸。我好想她，好想知道她这会儿在干吗，她不会和别的男人在一起吧？她那么漂亮，是个男人都不会放过这个机会的。要是她跟其他男人在一起，我想拧断那个混蛋的脖子。我希望她在我身边。

我有什么感受？我感觉很孤单，也很挫败，因为我对现状无能为力。我觉得自己快疯了，因为我没法控制自己的猜忌和怒火。我很生她的气，因为她把我赶出家门，我沮丧极了。

我想做什么？我想去她的住处，去看看她，确定她是一个人，然后我们一起热烈地滚床单。

我做了什么？我开车去了她家门前，发现她的车不在。

结果怎样？我太低落了，没法像平时那样去健身房，所以我回到家里，悲悲切切地看了球赛。

就算是闻到咖啡香味这样生活中的小事，也能点燃雷蒙德心中热切的回忆和期盼，让他跑到凯伦的住处，最终落得一天都郁郁寡欢。

请注意，雷蒙德回答前四个问题的时候，用的是现在进行时，而回答最后两个问题时用的是过去时。雷蒙德在早晨喝咖啡的时候记录下他当时的感受，但是当他开车前往凯伦住处的时候，他无暇顾及日记，后来他又补写了剩下的部分。只要能把信息完整记录下来，这样分段写日记的办法也很好。

雷蒙德有时仍然跟凯伦在一起，也就是说，他跟诺拉不同，他是在他跟恋人仍有接触的基础上写日记的。例如下面这篇：

星期四，晚上

是什么触发这个想法的？我们准备一起吃晚餐，从早晨醒来我就开始想这事。

我想了些什么？我很担心到时候她心情怎样，我用了二十分钟挑选衬衫，我挺在意自己在她眼里的形象。

当我们出去的时候，我就一直以为她在看餐厅里的其他人。我东拉西扯地闲聊，其实我真想问的是，晚饭后她愿不愿意跟我回家，但我没说出口，因为我担心这样会给她压力，惹她生气。我不知道怎么做才好，因为我们现在都还在治疗之中，我不确定规则是怎样的。她看上去不大愿意去我那儿，晚饭后她让我送她回去，我无法不去想，她不愿跟我睡觉肯定是因为不爱我了。

我有什么感受？我觉得紧张不安，因为事情在变化，但我不确定是否有好转。我很害怕失去她。我觉得自己像个窝囊废，因为我束手无策。

当她不愿意跟我回家的时候，我觉得自己被拒绝了，我很生气。

我想做什么？我想要劝她跟我回家。

我做了什么？我试着劝她跟我回家。

结果怎样？她发怒了，我觉得自己像个白痴。

你也许注意到了，雷蒙德折腾了一晚上，然后把所有的经历都写进了一篇日记（再一次，从早晨开始写，晚上完成）。诺拉则完全不同，她把一件事情拆成三篇日记来记录。你可以选择自己喜欢的方式，只有两点是必须的：

1. 努力区分并识别你的想法、感受和行为。
2. 就算感到尴尬，也请鼓起勇气真实地记录下自己的行为。

这个时候，只管写日记，请不要试着去分析或者解释，以后有很多时间去做这些。重要的是，你要心无旁骛地记录，不要想着别人怎么看、怎么说，这样只会让自己不自在。你越是不去分析，就越能客观如实地记录。

这个日记是专门给你自己看的（或者是和你的心理辅导师一起看），所以没理由不实事求是。一开始你可能有所抵触，一旦你克服了抵触心理，你会发现这本日记就是你需要做出改变的蓝图。这个蓝图越精确，后期设计修改起来就越轻松。

第十章 关闭"执迷系统"

摆脱执迷之苦只有一条路可走：关闭"执迷系统"。该系统由三个组成部分——执迷的想法、执迷的感受、执迷的行为。这三个部分相互维持、相互供养，就像一台机器上的齿轮，你让一个齿轮停下来，其他齿轮也会不可避免地跟着停下来。

给感情放个假

执迷行为模式就像一场旷日持久的心理风暴，让你迷失自我。如果你想重新获得情感平衡，你就得逃出这场风暴，所以我要你拿出勇气采取行动：放弃你的执迷行为和执迷想法一段时间。这就是我说的"情感假期"，在一段时间内离开你的恋人，停止你的追逐。在这段时间里，你只关注自己，学习一些控制执迷模式的技巧，现实地看待你的处境。

我知道，如果你还处在一段恋情中，让你离开恋人一段时间听起来令人恐惧——这也是为什么我只要求你离开对方两周。我还会给你很多建设性的情感和认知练习，帮你找到暂时离开的勇气，填补这段时间你可能会感受到的空虚。

不要指望短短两周时间你的生活就能从内到外宛若新生。但是通过打断你自我挫败模式的运转，你将开启一系列细微的、正面的变化，最终将会引导你走出执迷恋情的迷宫。

对于咨询者们而言，让他们离开恋人或者放弃追回前任，哪怕只是一小段时间，也是不敢想象的。让他们暂时离开，还不如让他们暂停呼吸。

我想起了多年以前，一个酗酒者找到我寻求帮助，他悲叹自己惨透了：妻子离开了他，孩子们也跟他断绝来往，他丢了工作，花光了所有积蓄，不幸的是肝脏又出了问题。当我告诉他首先要戒酒时，他的回答是："怎样都行，除了这个！"——做什么都可以，除了最需要做的事。

"怎样都行，除了这个！"这些年来，当我提出给感情放个假的时候，成百上千个执迷恋人都这样回答过我。

玛格丽特一想到要整整两周听不到菲尔的声音，看不到他的面容，不知道他在干什么，她就很恐慌。

玛格丽特

我什么都听你的，但是别让我不去看他。我都已经感到他渐行渐远了，我好怕要是我去"度假"，两个星期后他就真的不在了，我承受不了这个。

苏珊

我不确定你和菲尔的感情还有没有挽回的余地，但是如果有，那么唯一的机会就是放下你的执迷。要是你们的关系连两周的分离都经受不住，那分手也是早晚的事。这样的话，你就更要放下你的执迷，给自己的情感留条活路，以免到时候承受不了。不管怎样，你没有什么损失，除了损失很多痛苦。

谈话到了最后，玛格丽特的抵触情绪渐渐不像以前那么强烈了。这次"情感休假"将成为她人生中的重要转折点。

"救世主情结"执迷者的两难境地

相比其他执迷者，"救世主"在计划给情感放假的时候还有额外的顾虑，因为他们的恋人非常依赖他们。柯克很担心，如果他扔下洛丽塔两周不管，洛丽塔很可能都活不下去。

柯克

要是我回到家发现她已经死了呢？那我会怎么想？我的意思是，要不是我，她早就流落街头了。

苏珊

那你就准备好下半辈子一直守着她吧。因为你不是在帮助她，你是在纵容她继续沉沦。你能够得到的资源她也能得到，你能够戒酒戒毒，她也应该做到。除非她自己想要帮自己，否则你帮不了她。你要对自己负责，你也应该放手。让洛丽塔对她自己负责，就这么简单。

柯克

可是我做不到。

苏珊

除非你这么做，否则我帮不了你。

我最后那句话让柯克感到非常吃惊。像所有有"救世主情结"的执迷者一样，柯克希望我能够让他好受一点，同时准许他继续拯救他的"问题恋人"——但我可不愿成为他和洛丽塔相爱相杀的帮凶。如果柯克想要感觉好受一点，那么他就必须打破这个让他如此难受的执迷模式，其中最大的问题是，他把自己和洛丽塔的那些问题绑在了一起——这些问题根本不是他有能力解决的。

我说的柯克都能明白，类似的话他在戒酒互助会里也没少听。但在真实的生活里，知易行难是常态。

柯克答应，在找到一种既可以离开洛丽塔一段时间，同时又不放弃对她负责的方法之后，他再开始情感放假。他找到了一种折中的办法，劝洛丽塔回母亲家住一段时间。尽管他不愿放弃守护洛丽塔，这个解决方法至少能给他的情感假期一个开始。而且在我们的治愈课程的开始，他需要这么做。

规划你的情感假期

情感假期的规划应该视情况而定，根据你和恋人或前任之间联系的程度而变化。

如果你和恋人目前住在一起，或者已经结婚了，很显然你离开两个星期会比较困难。但你还是得告诉对方你准备给情感放个假，并且要想办法做到。有些人住进亲戚或朋友家，还有一些人搬进旅馆。你也可以真的给自己放个假，出去旅行，只要你愿意在旅途中抽出时间做我安排给你的练习。如果你的恋人正住在你的房子或公寓里，你可以自己不走，请他／她搬出去两个星期，这取决于你了。但是总而言之，你有责任找个办法和你的恋人分开。

不管你是与恋人住在一起，还是定期见面，抑或只是偶尔见面，你都需要简短但是坚定地向他／她解释三个要点：

1. 你认识到你们的感情已经出问题了。

2. 你需要两个星期的时间去清醒一下，做出一些决定。

3. 让你的恋人明白这件事情对你很重要，请他／她这两个星期不要联系你。

你可以当面告诉对方，也可以打电话，还可以写便签或写信告诉他／她——只要把信息传达给对方，什么样的方式都行。然后，接下来的两个星期你需要进行戒断——不能跟对方有任何形式的联系。

你可能很容易陷入幻想的陷阱：也许自己的忽然离开能重新点燃恋人的兴趣。谨防这种念头，这次的情感假期不是欲擒故纵的游戏。两周情感假期的目的是关注你自身的成长和转变。要是你沉浸在漫无边际的幻想中，假想你的恋人或许因为孤独而想念你，你就不能集中精力做你必须做的练习。

事实上，大部分执迷者的"目标"都会如释重负，有一些"目标"看上去不置可否，还有一些"目标"（尤其是"救世主恋人"的"目标"）会激烈反对。但是不管你的恋人如何反应，不要为此动摇你的决心。假如你的恋人试图说服你不要这样做，跟你保证你们两个人可以一起解决你的问题，你必须坚持自己的决定，自己完成这个任务，为你自己而做，靠你自己去做。

有一些情况下，两周的分离简直是不可能的——可能有孩子需要照顾，可能有经济上的局限，还有可能存在医疗难题。如果确实没法考虑分离，我们在本章接下来要做的功课也能起作用，只是这样会很困难，也很耗时。当你和恋人还在接触的时候，你极难解开执迷心结。当你试着把感情腾空的时候，你的"目标"就在身边，一举一动、一颦一笑都在你眼里，你很难自控。

如果你不能离开，那么可以肯定的是，你必须寻求专业的心理辅导，帮助你克服恋人近在眼前的难题。但你要仔细考虑自己的处境，你确定是因为现实条件不允许你离开而不是在找借口？

当然，如果你的"目标"已经告诉你，他／她不想再见到你了，或者"目标"直接一走了之，你就容易多了——你不用费心思去琢磨怎样告诉对方你想要消失两周了。但事实是，虽然你们身体上已经分开了，但心理上你未必离得开。你还是需要一个情感假期来冷却过热的执迷机制。

截停第一个"齿轮"：行为

尽管你按捺不住执迷的想法，但是你可以用意志力截停执迷的行为。由此你可以得到让情感呼吸的空间，在这个空间里练习控制自己的想法和感受。

我坚信要截停执迷系统，首先要从执迷的行为下手，因为行为是外在的、具体的、明显的——三个组成部分中最容易被识别的一个。你也许可以拒绝承认你的很多想法是执迷的，但是当你明明知道对方很恼火，还跑到人家门口去蹲守，或者没完没了地打电话骚扰的时候，你恐怕很难自欺欺人了。

在你能够停止执迷行为之前，你先要明确到底哪些做法属于执迷行为。借助你日记上"我做了什么"的答案来识别执迷行为，把它们列出来，注意其中的追逐策略和报复模式。

在此期间，你将暂停所有这些行为。接下来的两周：

不允许在不提前通知的情况下忽然造访。

不允许打骚扰电话。

不允许打了电话又挂断。

不允许跟踪盯梢。

不允许开车到人家门口蹲守。

不允许写信。

不允许送礼物。

这一切都不允许！

如果你是一个被动执迷者，你也许不认为自己有这类公然的行为需要停止。对你来说，重点是要停止自我惩罚式的行为。如果你通过暴饮暴食、吸毒或者酗酒来减轻被拒绝的痛苦，那么现在是时候去参加一个治疗小组、帮扶小组或者请心理治疗师来帮助你了。

无论你的执迷行为是哪种类型，尽管看上去很难，可一旦你选择了停止，你会发现自己重新充满力量。如果愿意，你可以选择非执迷的行为，这很不容易，而且常常跟你的渴望是针锋相对的，但只要你尽全力去做，你会为自己的强大和冷静感到惊叹的。

执迷者的谬论：我管不住自己

你的执迷行为并非真的超出了你的控制范围，你只是那样感觉罢了。认为自己管不住自己只是一种诱人的逃避方式，在这种借口的掩护下，你以为自己不必为自己的行为负责。但在这个逃避的过程中，你丢弃了自尊、自信、快乐以及发展一段健康感情的可能性。控制执迷行为的关键在于，认识到不是你身上发生了什么，而是你选择了什么。

执迷行为是自己的选择，这个观念对很多执迷者来说难以接受。很多咨询者这样描述他们的执迷行为：

- 等我回过神来，才发现自己做了什么。
- 我简直不相信是自己干的。
- 我试着控制自己，但我做不到。
- 我觉得自己被什么控制了。
- 对此我无能为力。

上面这些说法的基本论调就是，他们没法选择，那都是冲动在作祟，好像他们完全不在状态。但是，大多数执迷的行为并不是冲动。某些人一怒之下不经思考就砸了盘子，这是冲动。一个正在限制饮食的人，条件反射地从甜点盘上抓了一块饼干塞进嘴里，这是冲动。冲动行为是突然发生的，没有或者很少是经过思考的行为。

另一方面，大多数的执迷行为，是深思熟虑之后的产物。开始的冲动在付诸行动之前往往已经在执迷的观念中酝酿良久。这是一个关键的区别，如果你在做一件事之前经过了思考，那就不是冲动行为，你是选择了这种行为。当你思考之后再行动，那么当时至少有两个以上的选项摆在你面前，哪怕你以为自己别无选择。

还记得诺拉说她为了不让汤姆认出自己，租车去汤姆家门口蹲守的事情吗？当我告诉她，是她选择这么做的，她并不相信。

诺拉

我什么都没想就去做了，就好像我是个木偶，有谁在牵着我的提线。

苏珊

我知道你感觉是这样的，但是让我们来看看你做了些什么。如果你是一时冲动，那你应该立即开车过去，可你没有那么做，你考虑了万一被汤姆认出来会有多难堪，你选择不开自己的车，然后你选择离开自己家，你又选择了去汽车租赁公司，选择了花钱租一辆车，你选择填写租车申请表，你选择开着租来的车去他家门外。而且后来你又多次选择做这样的事情。这些都是你选择去做的，在这个过程中的任何一个时间点，你都可以选择停下来——在冲动行为中你不可能做到。每一次你思考做什么的时候，没有意识到你也可以不做。

诺拉和很多执迷者一样，必须抛弃那种认为自己面对执迷毫无招架之力的谬论，停止为自己的行为找借口。事实上，当意识到自己有各种选择时，她开始越来越倾向于健康的选项。

夺回自己生活的控制权

当你意识到自己有选择，你开始从自己的执迷系统那里夺取行动控制权。为了帮助你推进这一进程，我将教你如何中断你的那些执迷模式。如果你每天运用这些策略，它们就会帮你夺回自己生活的控制权。

给你的行为划出底线

你的行为就像一个调皮捣蛋的"熊孩子"——你得警告它，不准再没规矩了！而且你得给它划出一条严格的底线，让它清楚地知道到哪儿该停下来。不要害怕对它宣读那些混账的行为，因为你所有的麻烦都是它造成的。我希望你给自己的行为下通牒，就像对付一个不听话的孩子那样，详细说明它给你造成的混乱，给它设定底线，并且说出你对它的期望。

做这个练习，你得拿出一段时间，找个安静的地方，把手机关上一会儿，在你对面摆上一个空凳子。想象你的行为是一个不听话的"熊孩子"，这会儿正坐在那张椅子上。想象你是这孩子慈爱而坚定的父母，"熊孩子"到处惹麻烦，你实在忍无可忍了，你准备对孩子说点什么？

我永远也忘不了那天我让安妮做这个练习时的情景。安妮是一个发型师，为了阻止恋人约翰离开，她把自己的公寓砸了个稀巴烂。后来约翰断绝了跟她所有的联系，她吞下了一整瓶止痛药，打电话告诉约翰，希望约翰跑过来救她，但是他只替安妮叫了医生。

当我第一次让安妮对她的行为讲话时，她像很多人一样，很难对一张空椅子认真起来。但是当她打开话匣子，她越来越投入，痛斥"熊孩子"过去对她都做了些什么。讲到她曾经试图自杀的事情时，她站了起来，指着那张凳子控诉，像一个指责犯人的检察官一样。

安妮

你知不知道，你差点要了我的命！简直不敢相信。我在医院醒来，都不知道怎么到了这鬼地方……我是进监狱了？被绑架了？……我完全蒙了。闺密来看我，她说约翰给她打电话了，因为他无论如何也不想再跟我纠缠了。我羞愧得快要死掉了，这都是你的错！但是现在一切都过去了，我不会再让你得逞了，再也不能让你丢我的脸了！从现在开始，你得听我的！不准再伤害我了，不准再砸东西了，而且接下来的两个星期，你不准再拿起电话找约翰了，你不准再开我的车去他家门口了，你也不准再给他的朋友打电话打听他在干什么了，你明白吗！

安妮说得那么真切，以至于我都有点期望那把空椅子能开口回答了。我为她的信念鼓掌，而且向她保证，即使她没有自己说的那么勇敢，练习两周后，她也可以开始说到做到。两个星期后她再次来到我这里，告诉我她每天都坐下来跟椅子上的"熊孩子"重复她的原则，她感觉自己比以前强了。

我建议你每天都做这个练习，像安妮那样。它不需要很长的时间，而且它能够强化你对自己的承诺。重要的是让"你的行为"听清楚什么是你不会再容忍的。当你大声地说出来时，你内在世界受到的冲击力要远远大于坐着干想。

化冲动为选择

正如我们看到的那样，仅仅是想一想你打算做的事情，都能将冲动变成一种有意识的选择。事实上，这就像在你的冲动和行为之间装了一个开关。理想状态下，这个开关应该配置一个警铃，每当你冲动之下要做出执迷行为的时候，警铃就会响起。当然现实中没有这个装置，但是你可以用一个看得见的提醒标志来代替警铃的工作。

在我们的文化中，最有力度的一个约束符号就是简单的停车标志。我们大部分人早已训练有素，见到停车标志就停车，我们每天开车的时候都在做这个练习。所以，接下来的两周，我们要好好利用自己的"停车反应"，在你的周围贴上一些微缩的停车标志作为"视觉警铃"，每当你感到要冲动行事的时候，它们都会提醒你停下来。

咨询者们发现这些停车标志在阻止他们的执迷冲动上非常有效。你可以用红色的记号笔或蜡笔在便利贴上画出停车标志，然后把它们贴在任何你可能做出执迷行为的地方。这通常意味着，你要把这些标志贴在你的电话上、方向盘上、冰箱上、枕头上、办公桌上。接下来的两周，每次你看到停车标志，就要提醒自己，你已经做出承诺要停止执迷行为，并且想一想你正在做什么。

这也许听起来非常小儿科，但是大量关于潜意识的研究表明，视觉符号往往比语言对我们更有影响力。这些停车标志将会帮助你将冲动转化成选择，提醒你，你确实有能力终止你的执迷模式。

找一个情感之锚

如果参加戒酒的成员感到需要支持或鼓励，很多倡议十二步治疗项目的戒酒互助会就能够为其指派"帮扶者"。当戒酒互助会的成员感到自己快要败下阵来的时候，他们的帮扶者就是火速前来救援的骑士。在对抗执迷爱恋的战斗中，这样的策略同样非常有效。

如果你有一个非常亲密的朋友或家人，你对这个人足够信任，愿意向他／她详细吐露自己的处境，那么这两个星期，就请他／她伸出援手来当你的"锚"，为你提供一个情感的避风港，避免你漂向麻烦的旋涡。

（注意：如果你正在参加十二步治疗项目，你的帮扶者也许已经担当起你的"锚"了，你也许想问问你的帮扶者，能不能允许你找一个人当你的"情感之锚"，帮你具体解决你的执迷关系。但是多数情况下，帮扶者和"锚"之间有太多的重叠，很难分得开。）

你的"情感之锚"的主要任务是陪你说话，在那些你感觉自己撑不住了，快要做出执迷行动的时刻，找到他／她，不管是当面说还是电话里说。我知道，当你感觉内心的压力已经无法承受时，你不认为还有疏导的可能，这种状态下不准你行动真是太难了。但是，如果你想要打破执迷的怪圈，你必须停止这类伤人伤己的行为。当你的意志力开始下滑的时候，马上联系你的"情感之锚"。

当你把事情说出来，就不大可能做出来了。

也许你不情愿请朋友为你承担这样的责任，这要求看上去太过分了。但是愿意提供支援的亲友出奇的多，他们很乐意当志愿者。毕竟，他们中的大多数人都看到了执迷是怎样伤害你的，他们愿意帮你摆脱困扰。

有时候，男性执迷者很难找到"情感之锚"，因为他们已经社会化了，宁愿把感情的事烂在自己肚里，男人常常认为寻求帮助是懦弱的表现。很多男性咨询者因为缺少一个"情感之锚"，导致治愈之旅半途而废。当然，一个"情感之锚"并不是必须要有，但是，一个亲密朋友或家人的支持能够帮你更加轻松地走出执迷。

"情感之锚"的任务不仅仅是倾听，他／她还要尽最大努力说服你不要做出执迷行为。这就意味着，你必须把你过去的执迷行为模式如实告诉你的"情感之锚"，并且说明自己正在努力通过情感休假来挣脱执迷。你要向你的"情感之锚"解释，你担心自己经不住诱惑，接下来的两周很可能还会重复一些执迷行为，请他／她在必要的时候采取任何合适的措施，帮助你度过脆弱的时刻。

诺拉觉得很不好意思向她最好的朋友阿妮塔求助，因为她刚跟汤姆约会几次就做出这么荒唐的行为，她觉得特别尴尬。

诺拉

起初我并没有对阿妮塔坦诚相待，我知道她会说我太荒唐，所以我很难请她当我的"锚"，但是当我最终鼓起勇气跟她联系时，她并没有很吃惊，我猜对于我刚刚经历的这些，她了解的远超于我的想象。要是没有她，我不知道自己怎么度过这两个星期。我记得第一个星期六的晚上，我一副要死要活的模样，开着车到处找汤姆。我打电话给阿妮塔，她在电话里劝了我一会儿，但似乎效果不大，所以她到我家来陪我看电视，跟我一直聊到半夜。当她准备回家的时候，她问我能不能让她把我的车钥匙带走，但是我真的觉得已经不需要了，谈话已经扑灭了我的心火。

让"情感之锚"陪自己，而不是到处找汤姆，这一夜的经历让诺拉体验到了抵抗冲动的感觉。而且她还发现，在她选择了抵抗之后，冲动真的偃旗息鼓了。在情感休假之前，诺拉还坚信抵制对于她的执迷一点用都没有，现在她知道了，她确实是有选择的。

诺拉告诉我，她担心这样依靠朋友的支撑，她无法学会自己控制行为。我跟她保证，在这两个星期的情感度假中寻求朋友帮助是无须担忧的。就好像假如你不小心摔伤了腿，拐杖可以帮助你度过康复疗程的最初阶段。"情感之锚"可以扶着你走过情感假期，甚至更久，直到你强大到可以自己解决问题。

走出孤立

执迷是一种孤独而又绝缘的状态，当执迷者眼里只有自己的恋人时，他们常常疏远朋友、家人和同事。执迷者忽略周围的人，让亲朋好友感觉自己不被重视，他们常常爽约，总是找不着人影。很多执迷者跟朋友聊天时，总是三句话不离自己的恋人，或者喋喋不休地诉说失恋的痛苦，让人烦恼不已又无可奈何。

在你的情感假期内，你要扭转这个趋势，邀请老朋友出去聚餐，去听一场音乐会或者看一场电影，拿起电话重新联系旧相识，去看望被你疏远的家人。

如果你的朋友和家人对你的邀请感到为难，那是因为在过去的几周、几个月甚至几年里，你就像一台哼哼唧唧的破留声机一样抱怨个没完。跟他们保证你不会再提你的恋人了——实际上，你正想要避免谈论他／她，你正在试图转移注意力，找回以往的情谊。

找到其他的兴趣

像过去一样，重新参加每周一次的网球赛、瑜伽课、志愿者活动或者桥牌聚会，重新拾起你因执迷而丢弃的生活方式。

这些活动不是暂时的，不要以为你是因为见不到恋人才做这些来打发时间。无论你是在恋爱中还是单身，外出活动和朋友保持联络是维持情感健康的必需。一段健康的感情中，既有两个人的爱情空间，也有你自己的生活空间。只有执迷的恋情才要求把人拘禁在两人世界，摒弃其他生活空间。

如果你的执迷行为主要是被动的，那么很可能你在生活的其他方面也有消极被动的趋势。你想逃避现实世界，你以为像蜗牛一样缩进爱情的壳里比走出去要安逸舒适。但是，与孤独和绝缘状态做斗争的唯一方法就是让自己走出去，花时间和别人在一起。

你可能会惊喜地发现，只要你愿意从执迷的束缚中走出来，即使没有恋人在身边，你也能开心快乐。能让你欢心的事多了去，给自己买束鲜花，去海边走走，给自己买新衣服，跟朋友去打球，参加一个培训班，发展一种爱好——只要你喜欢。趁你的恋情暂时还没接管你的生活，试着重新找回曾经快乐的感觉和回忆吧。

做让你开心的事

当你发现自己满脑子都是执迷的行动时，找一个办法帮你把负面能量引到其他正事上去，对你很有好处。你不妨跟自己定一个契约，当你有驾车盯梢或联系恋人等冲动的时候，你就去做体育锻炼，这样用运动来疏导大部分的执迷冲动，不仅能增强你的体格，也能让你的心情变得明朗起来。

人在运动的时候，大脑会分泌一种叫作内啡肽的化学物质。它是人体内天然镇痛系统的一部分，它像很多止痛药一样有提神的效果，却无副作用，即使效果退去之后也不会导致你低落。

花五分钟把所有你喜欢的运动（或者至少是你能忍受的运动）写下来，各种运动项目都可以，壁球、健身操、慢跑、重量训练等都可以（我个人最喜欢踢踏舞）。有很多咨询者和我一样，不喜欢团队运动，他们更愿意去骑行、徒步或者出去跳舞。只要能让你出汗，什么运动都行。

列下你喜欢的运动项目，每天安排一次锻炼。当你感觉自己有执迷冲动的时候，把冲动投入到运动中去。想给恋人打电话？去游泳吧！想去驾车盯梢？去跳绳吧！用每天做运动来代替打电话给你的"情感之锚"，也不必花时间去琢磨那些改变想法的技巧，稍后我将教给你。除了激发你的内啡肽，你还将学习另外一种对抗执迷冲动的方式，这两个星期你将学到很多。

如何控制你的执迷想法

假如你能改变执迷的想法，你就能改变你的生活。你已经着手减少自己的执迷行为，通过放慢执迷系统中行为这个齿轮，你的执迷想法也会相应减少，你也就能够比较轻松地将执迷的想法转化成非执迷的想法。越是转变想法，你就越少感到绝望，你的执迷行为也将越来越少。

避免触碰执迷的扳机

要减少执迷的想法，最简单的办法是尽最大可能避免触碰"执迷的扳机"。回答"是什么触发这个想法的"这个问题时，你已经辨认出哪些是你的"执迷扳机"了。花一点时间回顾你的日记，把这些"执迷扳机"列下来。然后利用你列出的清单，尽可能躲开或扔掉你的那些"执迷扳机"，可能包括你们俩的合影，恋人送给你的礼物，你们都喜欢的唱片，你想取悦对方的香水——所有与你恋人有关的东西。试着避开你俩曾经去过的餐馆或其他地方，不要去看爱情电影，不要听情意绵绵的音乐，把冰箱里你为恋人准备的东西都清空，尽你所能——在合理范围内——把那些能触动你的"扳机"从你的生活中移除。

到目前为止，我们提到的"扳机"都是外在的，但是有很多"执迷的扳机"是内在于我们自身的。比如，如果你感到伤心，你可能会想你的恋人，想要他／她在身边安慰你；要是你生气，你可能会想找你的恋人撒气；或者你燃起欲望，你想跟恋人滚床单。

不可避免的生活场景也可能成为"扳机"，你跟母亲吵架了，干洗店洗坏了你心爱的衬衫，或是你被老板骂了，都让你想要恋人的拥抱。

你不可能消灭生活中所有的外在"扳机"，同样你也不可能抹除所有的内在"扳机"或是把自己保护起来规避一切生活场景。但不管有多少"在所难免"，它们也只是引起你的一些想法，而且你可以对此做点什么。

识别执迷的想法

在你能够控制自己的执迷想法之前，你得弄清楚它们是什么。再一次，你的日记可以帮助你进行辨别。阅读你日记中"我想了些什么"的答案，试着将你的执迷想法分成三个基本类别：

1. 回忆。
2. 幻想。
3. 内心独白。

回忆是与你的恋人过去有关的想法，回忆有时是痛苦的，有时又是幸福的。从极致欢愉的性爱到极度伤痛的分手，回忆可以是任何形式的。

幻想是你想象在某地、某时（不管是过去、现在还是将来）和恋人在一起的内心画面。执迷的幻想是你经常想象与恋人倾诉内心，想象修改已经发生的事情的结局。它们也许仅仅是爱情小插曲，也有可能是报复的愿景。

内心独白是你自己与自己对话，出声的和不出声的都算。它的内容可能是你希望自己和恋人之间会怎样，也可能是你的自责，可能是关于追逐的，也可能是关于报复的。内心独白常常这样开头：

- 但愿他能……
- 为什么（不）……
- 总有一天他会意识到……
- 为什么她看不见……
- 她不知道她真正想要的是……

• 他不能这样对我……

内心独白常常被误认为是对自己处境的洞悉，但其实只是心理游戏——找借口、辩解，将自己的行为合理化，总之是不愿面对自己执迷的事实。

另一种形式的内心独白来源于冲动，豁出去了要做什么。这种类型的想法可以从"我想做什么"的答案中找到，它包括这样的想法：

• 我得去见她。
• 我要给他打个电话。
• 也许我得开车去她家。
• 我要让他付出代价。

无论你的执迷想法的实质是什么，如果不想让它们控制你，你就得学会控制它们。停止或扭转执迷想法的技巧不是没有，但也并非灵丹妙药。很多咨询者想要跟自己的执迷想法做殊死搏斗，像个心理斗士那样。但是，如果你愿意循序渐进，停止或扭转执迷的想法并不至于难到让人害怕。接下来我介绍的这些练习，别奢望一试就灵、一劳永逸，但只要你努力去做，你就会看到效果。

给执迷的想法贴上标签

假如医生说冰淇淋可能会导致你动脉栓塞，你再看到一盒冰淇淋的时候很难不去想它潜在的危险。一旦你视冰淇淋为有害的食品，你就在心里给它贴上了有害的标签。你以前大快朵颐，从不思考什么后果，可如今，冰淇淋永远都摘不掉"有害"的帽子了。同样，"贴标签"可以帮助你把执迷想法钉在耻辱柱上。

　　一旦你识别了自己的执迷想法，每当你冒出那些想法的时候，你脑海里就随之浮现"执迷"这个标签。当你意识到自己在渴望听到恋人的声音，或是在幻想他要是爱上你他会有多幸福时，告诉自己："这是执迷。"

　　既然你已经接受了执迷的想法对你不利这个事实，"执迷"这个标签就使得这些想法不再那么吸引你。当你再冒出这类想法的时候，你会同时意识到这是有害的。用"贴标签"这个方法来给你的执迷想法泼冷水，再容易不过了。

设置时限

　　刚开始跟咨询者们提出要停止执迷想法的时候，他们无一例外地嘟囔着那些想法一旦出现在脑子里，就挥之不去了。当他们知道我没打算让他们这么做的时候，他们常常很吃惊。我向他们提出了"设置时限"这个概念。

　　设置时限是一个非常简单的技巧：特许自己每天一次让执迷的想法放纵一会儿——但只是一会儿，只能在一个特殊时段。

　　找一个轻松的时间来做这个练习——我常常建议咨询者们把这个练习安排在临睡前。你只需要躺好，让你的执迷想法飞一会儿。确保你身边有个秒表、闹钟或者计时器，你要时刻注意时间，当约定的时间快要结束时，大声告诉你的想法们："该走了！"大多数咨询者都为此特意编了"逐客令"，安妮的"逐客令"是这样的：

安妮

好啦，时间到了！你该走了。明天老时间见，我知道你对我没好处，而且我现在不想跟你再浪费时间了。要是你坚持想要回访，你只有等到明天啦，因为今天我不会再纵容你了。

刚开始设置时限的时候，安妮觉得这是一个可笑又过于简单的练习。她指出，无论她怎样在睡前给执迷想法设定时限，她在白天还是会冒出各种执迷想法。我向她保证，这个练习并不意味着能马上彻底根除执迷想法，但两个星期的练习之后，她的执迷想法延续的时间和出现的频率都会明显减少。

情感假期的第一天，给你的执迷想法十四分钟，第二天十三分钟，第三天十二分钟，以此递减。两周之后，你会惊奇地发现自己有能力控制心里那匹脱缰的野马了。

转移你的想法

就像你做一些运动来取代执迷行为一样，你也可以去做一些需要集中注意力的事情，来取代你的执迷想法。比如花时间去学一门外语，粉刷你的公寓，整理通讯录，或者玩拼字游戏，什么都可以。

当你开始有执迷想法的时候，强迫自己去做需要你集中注意力的事情。要确保你用来转移注意力的这个活动随时都能开始。如果你选择画画，就让画架一直立在那儿；如果你选择玩家庭电子游戏，就让设备保持连接；如果你选择下棋，就邀请朋友来或者下载一个棋类游戏软件。

无论你选择什么活动，只要它能集中你的注意力，就能帮助你把执迷的想法赶出脑海。这个方法很简单，但也很有效。

粉碎你的执迷想法

　　心理学的某些方面跟新闻学类似，长篇大论不如一幅图片。对于控制执迷想法，我要交给你的最后一个技巧是形象化练习。在这个练习中，你将形象化描绘自己摧毁那些执迷想法的情景。

　　形象化是让你与执迷拉开心理距离的有效途径，当你的执迷想法切实渐行渐远，你将看清自己的执迷想法。尽管你得承认自己应该对自己的执迷负责，是自己纵容了执迷，但执迷并不是你的本性，执迷的想法也不是你分隔不开的一部分——执迷是你的负担，你的敌人。

　　做这个练习只需要几分钟就可以了。为了把干扰降到最低，你需要找一个安静的时间和一个舒服的地方，坐下来做几个深呼吸让自己放松，然后闭上眼睛……

　　在脑海中把你的执迷想法描绘成一个巨大的石头，压在你的肩膀上，压得你弯腰驼背。现在想象你站起身来径直把大石头扔了出去，大石头哐当一声砸在地上，摔得碎成几块。伸个懒腰，感受一下忽然放松的惬意，赞叹放下负担的感觉多么美好。

　　现在，看看地上的巨石，意识到它曾经累得你寸步难行，压得你痛不欲生，怒火中烧。想象你抢起一把巨大的锤子，狠狠地砸向大石头，把它砸个稀巴烂，每砸一下，你都释放一些愤怒。

　　继续在心中描绘，等你把巨石砸得粉碎之后，你把碎末都装进一个大桶。

　　你带着这个大桶去了一个热带海岛。你踏着海浪，将执迷想法的碎片扔进大海，看着这些碎片沉入海底，慢慢地分解，最终消失在沙土里。

　　海浪轻轻拍打着你的脚踝。你沐浴着阳光，闻着略带咸味的海风，听着海鸥的欢歌，享受着胜利的喜悦，放松而自由。你战胜了自己的暴君。

任何时候当你感到执迷的巨石压在了你的肩上，你都可以再用形象化的方法放松自己。形象化的方法用得越多，越能有效地帮你赶走执迷想法。

这种特殊的形象化方法是我多年来一直推荐咨询者使用的方法之一。但这并不意味着你要原封不动地照搬。也许，你喜欢把你的执迷想法从山顶扔下去，或者付诸一炬，又或者把它们深埋地底——你喜欢怎样就怎样。

通过形象化，你可以运用形象的力量深入影响你的想法，无论是有意识的还是无意识的。

本章介绍了这么多方法，总有一些对你来说格外有效。把它们尝试个遍，然后找出最适合你的。不管你是在周围贴满停车标志，还是依靠"情感之锚"，或者变成猜字游戏达人，哪怕你往脖子上挂蒜瓣——只要能扰乱你的执迷系统。一旦你找出行之有效的方法来对抗你的执迷想法和行为，你的执迷模式就会改变，而且你会向自己证明，执迷没有看上去的那么可怕，它们并不是所向披靡的大魔王。

我知道这两周有很多事情需要你去想、去做，但是要攻克执迷就必须有坚定的信念和艰苦的行动。如果你感到力不从心，别着急，把你的情感假期延长一两周，以便更好地掌握那些技巧。要是你偶尔失败，别自责，执迷的力量不容小觑，而且就算你退一步进两步，你仍然是在进步。只要你能撼动自己内心的执迷，哪怕只是一点点，这几个星期的付出都将使你获益匪浅。

第十一章　正确评估恋情

我们要做的是在你的情感假期和未来的生活之间架一座桥，为了避免掉进桥下那潭执迷的苦水，你必须诚实看待恋情存在的问题。

我知道这有多么让人恐惧，也知道抓住一星半点的希望对你来说有多么重要。但是希望常常是海市蜃楼，是陷阱，连累你在生活的路上举足不前。

第十四天

情感假期的最后一天是评估日，如果可能的话最好放在非工作日。不要安排任何朋友聚会，把这一天留给你自己。你要好好思考你们感情的实质。

你和绝大多数执迷者一样，不愿意诚实、坦率地看待自己的恋情，因为在内心深处，你明白这段恋情终将不可避免地坠入痛苦的深渊。

你们中很多人已经失恋了，另外一些人的恋情已经注定无法挽留，还有一部分人的恋情还有一丝回旋的余地，前提是他们得停下将恋人越推越远的执迷行为。你已经花了两个星期的时间与你的执迷拉开距离，现在你已经准备好了客观看待自己的真实处境。

核查你的情感处境

为了帮助你洞察自己的情感处境，我设计了下面的情感处境核查单。尽管这两个清单中的有些条目似乎不言而喻，但是我知道大部分执迷者极其善于逃避现实，迹象再明显他们也好像看不见。不要让这样的事情发生在你身上。

如果……那么你们的关系已经结束了。

你的恋人切断了和你所有的联系。

如果……那么你们的关系不能再继续了。

1. 每次都是你主动联系对方的。

2. 你的恋人很少回复你的电话。

3. 对你专一了一段时间以后，你的恋人想要重新跟别人约会，或者已经开始跟别人约会了。

4. 让你的恋人跟你在一起的唯一方法是令他／她有内疚感。

5. 你的妒忌、占有欲、暴力或者追逐行为反复惹怒或者吓到对方。

6. 你和你的恋人之间唯一能做或者愿意做的事情就是做爱。

7. 你的恋人已经跟别人结婚，而且尽管跟你承诺过他／她会离婚，却没有任何行动。

8. 你的恋人没有经济能力，总是依靠你来帮他／她解决财务危机。

9. 你的恋人有酒瘾、毒瘾、赌瘾或其他严重问题，而且不愿为自己的问题承担责任。

　　第一个核查单只有一条内容，一目了然。如果你的回答是肯定的，那么是时候面对现实了，无论这有多痛苦。

　　第二个核查清单，如果有一条你的回答是肯定的，那么你就必须放弃现有的关系，尽管这意味着你将永远失去这段感情。你获得一段健康感情的唯一可能是：你愿意努力改变自己的执迷行为，而且你的恋人愿意给你时间和机会去做出改变。

　　如果你发现自己先是回答"是"，又紧跟着说"但是"，那么你是在逃避。比如对"每次都是你主动联系对方的"这一条，你回答"是的，但是我知道他很忙"。如果是这样，你是在逃避痛苦，事实上更有可能的原因是：他不想在你身上花时间。

　　请不要找理由或者用其他逃避方式继续欺骗自己了，逃避只能是你前进路上的绊脚石。现在，你的两周情感假期已经结束了，你可以比以前更客观地看待你们的关系。

　　通过你的日记、这两周做的各种练习以及情感处境核查，你应该更加清晰地看出你们感情的实质。

你的情感假期结束了：现在怎样？

　　两个星期以来，你一直生活在情感休眠状态。你已经人为地把自己与"目标"以及执迷模式隔离开来。这段时间里，你学习了很多方法用来控制执迷想法、执迷感受和执迷行为。很多人在这两个星期里不时地开小差、掉链子，尽管如此你还是进步了。

　　现在是时候着手去除执迷的病根了。如果你的恋情已经结束了，我将帮助你处理那个痛苦的事实，继续练习控制你的执迷倾向。如果你正在修补受损的恋情，我将帮助你控制自己在恋人面前的执迷，毕竟你的恋人才是你最难抗拒的执迷"扳机"。

当你的感情已经结束

我知道，有的时候人们分手很久之后又在一起了。但是请不要寄希望于那一丝渺茫的希望，这一点很重要。我见过的已经出局却仍然不肯死心的咨询者真是出奇的多。

寄希望于决然离你而去的恋人再回到你的身边，不过是一厢情愿的执迷，只会延长你的痛苦。

失恋的悲伤

一段恋情的结束是一种死亡，希望、愿景、激情、梦想、爱全都幻灭了。放弃执迷的恋情是一件特别痛苦的事情，即使那段恋情很短暂，或者那段关系让你饱受折磨。但是，就像一个人死去，活着的人们再痛苦也有走出来的一天，感情死去的痛苦也是能够被治愈的。

诺拉发现她很难放弃对汤姆的想念，尽管做情感处境核查的时候，她只需回答第一项就够了。她已经两个多月没有汤姆的消息了，可是她仍然在等着汤姆的电话，等他说想要重新开始。

我和诺拉重新看了一遍她的日记。我指出她关于汤姆的每一条记录都是想而不得的痛苦，听不到他的声音、见不到他的人影。很显然，所谓的感情不过是诺拉基于几晚激情的幻想。

诺拉终于接受了汤姆不会再给她打电话的事实，她痛不欲生。

诺拉

我失去了爱情，也失去了汤姆……我好痛苦，我该怎么办？

苏珊

看看吧，你们的感情、汤姆、你的痛苦——其中只有痛苦这一件事情是你能够干预的。你不能凭空创造一段恋情……谁都无法这么做。你也无法强迫汤姆在乎你——如果他对你不感兴趣的话。但是你可以做点什么来减少自己的痛苦。

为了帮助诺拉，我让她为自己的恋情举行了一场葬礼，就像千百年来人们接受了失去亲人的事实时所做的那样。

为逝去的感情写一篇悼词

我常常让咨询者为他们的感情以及关于这份感情的所有幻想和美梦写一篇悼词，以这样的方式来排遣他们的悲伤。很多年过去了，我发现这种方法很有用。

如果你像诺拉那样，意识到了自己的爱情已经彻底死去，花一点时间坐下来，拿出纸和笔，怀念这段爱情对你的意义以及它的逝去对你的影响。然后大声读你写出的悼文，想象你的感情已经被埋葬了。

我让诺拉这么做的时候，我们在我的办公室里安排了一场悼念仪式，用一把椅子当讲台。诺拉刚开始站上"椅子讲台"的时候，显得扭捏不安，但当她读完了自己那份简短的悼词之后，她为自己的演讲感到惊叹。下面是摘录：

诺拉

曾经我以为汤姆是我一生的期待，但是此时此地，我要把这所有一切都埋葬。安息吧，我所有的爱，我的梦想，我们共同度过的美好时光……它们都离我而去了，我必须接受。我真的以为我们会有未来，但今天，我要把那个所谓的未来亲手埋葬，因为那个混蛋他根本就不在乎。我想是我要得太多、陷得太快，可现在……我再也看不到希望了。我以为这就是爱，但它只是一瞬间的浪漫……它甚至还没来得及开始，就结束了，这伤透了我的心。但是，现在是时候该继续前进了，我得重新开始考虑以后的路。换句话说，我要好好对待我自己。我很坚强，我能够渡过这个难关。我只需要让这段感情安息。

念完的时候，诺拉失声痛哭。她告诉我，仅仅几句话无法让她忘记汤姆，她也没能感觉好一些。我向她保证，那篇悼文的目的已经达到了，这给了她一个机会，让她把构成痛苦的所有因素——伤心、生气以及挫败，全都表达出来。通过象征性的埋葬那些萦绕着她的想法和感受，她更加坚定了要摆脱它们的决心。这不是一个神奇的魔咒，念出来就能药到病除——这是一个目标的宣读。她的悼词不是结束，而是一个开始。

你也许内心怀疑，但请不要低估这类象征性仪式的作用。悲伤的表达对潜意识有非常大的影响，而且诸如此类的仪式是表达悲伤的有力工具。悼词是你的治愈过程中至关重要的一部分。

悲伤没有原则

悲伤没有一定的规则，如何悲伤、要持续多久，都没有成规。过去流行的理论认为"悲伤的过程"通常分为几个特殊阶段，但最近的研究推翻了这一学说。现在的看法是，悲伤的人各有各的悲伤。对于悲伤，唯一的共通之处就是必须承认它，而且用某些直接的方式表达出来，否则它将钻进你的潜意识里，伪装成沮丧、生气、病态或者自残等各种形式，间接地表达自己。

我告诉诺拉，接下来的几个星期，她很可能会泪流成河，但这是有方向、有目的地的悲伤，远胜于把悲伤延展成胃痛、抑郁、暴饮暴食、酗酒等等。诺拉现在所经历的悲伤是能看到尽头的，这是有效的悲伤。

现在，悼词已经开启了诺拉的悲伤旅程，行程要多久取决于诺拉自己。诺拉发现，纾解悲伤的最好方式是对朋友坦诚自己失恋的事实。每次她跟朋友说一遍，她就觉得这个结局更真实一点。

有些人需要倾诉他们的悲伤；另外一些人需要一个可以依靠的肩膀，一直哭到渐渐平静；还有一些人宁愿默默独饮苦水，把悲伤写进日记、揉进艺术或音乐里，或者投入到剧烈的运动中去。有些人能很快地消化悲伤，另外一些人则需要挣扎很久。总之，世上没有永不褪色的悲伤，无论你的悲伤属于哪一种，只要你不逃避。

不要重蹈覆辙，你必须做出改变

我深知你们当中很多人在结束两周情感度假之后，径直回到恋人身边去了，尽管你的那段恋情愁云密布。但是，在回答情感处境核查单的第二部分时，只要有一个条目你的回答是肯定的，那么你的恋情就需要你必须做出改变。如果你重蹈覆辙，那么你从哪儿出发，又要回到哪儿去了，等待你的还是以前那样执迷、烦恼的恋情。

一旦意识到你的感情不能再将错就错，你就必须担起责任改变它。如果你像大多数执迷恋人那样，也许早就意识到了这段恋情需要改变，但是你的解决之道是试图改变你的恋人。事实上，你无法改变你的恋人，你只能改变自己，在改变自己的过程中，你们的恋情也在改变。到后来，也许你们的关系越来越好，也许你渐渐强大起来，走出这段关系。

重建你们的联系

不管你们是住在一起，还是你每周去看对方两三回，或者偶尔见面，回到恋情中去对你来说都是危险的。长达两周中断了执迷行为——绝大多数情况下——你就像一个节食的人一样快要崩溃了，现在节食期宣布结束，你发现周围布满了诱惑，而且你觉得自己已经足够自律，可以放松警惕。但是就像节食一样，既然开始就要坚持下来，对诱惑保持警惕，以免前功尽弃。

在你以往的执迷模式下，你的恋人难免变成了惊弓之鸟。你已经习惯了用执迷的老套路来回应你的恋人。现在，你回到了原来的恋情中，回到了一个到处都是"情感扳机"的环境中。尽管前两个星期你已经尽力修正自己的行为了，但你的搭档还停留在原地没什么改变。如果他 / 她之前拒绝你，或者一直对你含糊其词，再或者对你感情上非常冷漠，恐怕这时也没什么两样。

两个星期的情感度假里，你学习了如何控制执迷行为。这就像学游泳的时候，你先在泳池的浅水区练习。现在，你游进了深海里，你运用之前在浅水区学到的技巧浮在水面上，但大海里波涛汹涌、水流湍急，对你来说是非常严峻的考验。

玛格丽特和菲尔

等到玛格丽特再联系菲尔的时候，她知道自己已经回不去了。情感处境核查单的第二部分，九个条目里，她有五条是肯定的。当她在情感假期结束那天打电话给菲尔时，心境已经完全不同了。

玛格丽特

跟往常一样，那天晚上他来的时候已经十一点了，见了面他想做的第一件事就是——跟以前一样——上床。我告诉他，现在我不想做这个。当我这么说的时候，我其实在发抖，我怕极了，怕他就那么走了。但是后来你猜怎么着？我告诉他，我的价值远远不止每个月跟他上两次床，如果他不能给我更多，那么我就到此为止了。他呆住了，他做梦都想不到这样的话能从我的嘴巴里说出来。他说让他回去想想，他会给我电话的。

然后他就走了，当门关上的一刹那，我似乎是用尽了所有的力气才没有追出去。我不知道为什么，但是我没有追出去。现在已经过去一个星期了，我仍然没有接到他的电话。我知道一旦打电话找他，我又要坠入过去的深渊，那对我来说太痛苦了，所以我不会那么做的。想起我们刚认识的时候，我真是太伤心了。但是我知道，无论如何我都不能再回去了，重要的是——我真的自己站起来了，我真的做到了。

尽管玛格丽特坚信是她放手了，但其实是菲尔离开了她。从感情的维度来看，很久以前菲尔就离开了。

通过日记和情感处境核查，玛格丽特很清楚自己在菲尔心中的位置，这让她能够鼓起勇气离开这段毫无意义的感情。真正的考验在菲尔离开的那一刻开始了，玛格丽特一度冲动得想要追出去，但是两周情感度假中的锻炼给了她力量，她没有动摇。挨过失去菲尔的痛苦之后，她再也没有回头。

雷蒙德和凯伦

和玛格丽特不同，雷蒙德和凯伦分别在各自的心理治疗中努力地学习克服执迷。当雷蒙德回到凯伦身边的时候，他发现自己还是常常跟过去一样，因为类似的小事表现出执迷的反应。当凯伦关上浴室门的时候，他还是感觉自己被拒绝了；听见她的语音信箱里有男性留言的时候，他还是感到妒忌；不知道凯伦在哪儿的时候，他还会感到绝望。

但是雷蒙德已经意识到了这些"情感扳机"对他的影响，而且他采用了新的行为策略来应对。雷蒙德正在缓慢而又坚定地修正自己的执迷之爱。

雷蒙德

离开她的那两周，我过得很艰难，但是回到她身边后感觉更难。我以为我已经能控制那恼人的毛病了，但是现在我又见到她了……我必须一天二十四小时对抗自己的感觉，我真的很自觉……我反省自己的每一个想法、每一个行为……至少她现在还跟我在一起。最煎熬的事是不可知，我还是特别想知道她去的每一个地方、做的每一件事情，但我知道这会加深我们之间的隔阂，所以我没有纠缠她。我一遍一遍地告诉自己："要是这么做，我会失去她的；要是这么做，我会失去她的。"这样看上去还是有用的，虽然没能完全赶走我的焦虑，但至少让我没那么难受了。我知道我还有很长的路要走，但我敢说我在进步，这才是最重要的。

第一次，雷蒙德为自己的执迷行为承担责任。过去他一直把自己的妒忌和占有欲归咎于凯伦，是她让自己没有安全感，是她让自己感到被拒绝。雷蒙德曾经一直觉得自己对凯伦忽然发怒或审问指责是很有理的，他还觉得自己的所作所为都是正常的反应，因为凯伦在疏远他。但是，通过两个星期坚持写日记、努力反省自己的行为，雷蒙德开始意识到是自己在制造混乱，实际上是自作自受。

雷蒙德的反省让他开始有自觉意识，他第一次开始意识到是什么让他陷入困境的，这真令人振奋。两个星期以来，我们一直试图从外部来控制他的执迷行为，但现在这种控制开始内化为自控。过去，他的执迷想法引发执迷行为；现在，执迷想法触发他实施自我控制。尽管前面的路很长，雷蒙德已经朝着正确的方向前行了。

暴力倾向的执迷恋人

如果你已经越界，对你的恋人实施过暴力，或者破坏过对方的东西，我强烈建议你在任何情况下都不要再联系你的恋人。我知道这样的禁令可能会让你感到气愤和挫败，特别是你已经很努力去控制自己的执迷行为了，但事实是，暴力惯常重复。

我知道有些人用暴力的方式去克服他们内心的恶魔，重新回到恋情当中也没有再犯。但那是例外，而不是常规。你的恋情曾经触发了你的暴力行为，尽管不能说你百分之百会再犯，但你可以通过规避已知风险来减少可能发生的伤害。关于感情，你还有很长很难的路要走，不要背负那些已经让你失控过的"情感扳机"上路。

但是，如果你既要对抗暴力倾向，又要跟执迷做斗争，那么仅仅依靠这本书恐怕是不够的。暴力倾向是非常根深蒂固的，我再三强调，暴力倾向是在你的意识控制范围之外的，世界上所有的愿望、意志力、承诺和决心都奈何不了它。为了你自己，为了你身边的人，也为了将来与你相遇的人们，你应该求助于有疏导暴力经验的心理医生，参加心理治疗，请专业人士来帮你练习行为控制，处理你在童年阶段埋下的愤怒。

"救世主"回归：柯克和洛丽塔

如果你是一个有"救世主情结"的恋人，你不能在一成不变的情况下回到恋人身边，除非你准备好了在接下来的日子里继续营救和照顾你的恋人。如果你坚持继续充当守护者的角色，那么你必须准备好继续忍受挫败感和情感缺失，这是"救世主"恋情的特点。除非你的恋人愿意为自己的问题承担责任，否则你们的感情难以改观。

你必须为对方的行为严格设限。如果你的恋人积极响应这些限制，而且确实在做出改变，你或许还能挽救你们的感情。但是如果你的恋人拒绝接受限制，你的这份感情将会继续伤人伤己。既然如此，为了你自己的情感健康，你必须结束这段感情。

柯克曾经多次劝洛丽塔跟他一起去戒酒互助会，但是洛丽塔总是找各种理由拒绝。参加十二步治疗项目后，柯克已经明确了他不能再替洛丽塔承担责任这个事实，但是直到他在两个星期的情感假期中学到了处理执迷感受的方法，他才下定决心为洛丽塔设定严格的界限。

在戒酒互助会帮扶者和我的共同鼓励下，柯克最终鼓足勇气设定了非常明确的界限。他告诉洛丽塔，他不会再容忍家里有酒或者毒品，而且也不会再容忍洛丽塔彻夜不归，他还坚持让洛丽塔去参加十二步治疗项目或者戒毒小组。柯克告诉洛丽塔，如果她拒绝改变，那么就请她搬出去。

柯克

她使出了浑身解数——争吵、哭闹、说好话、诱惑我、装可怜——但这些我都见得太多了，我拒绝被她牵着鼻子走。最后她叫我滚蛋，然后她走了。我得告诉你，我完全没有成就感，实际上，我觉得像是自己被她一脚踢开了。但我知道我不能动摇，因为一旦我们回到过去的样子，我们就再也没有可能在一起了。

柯克知道自己这样对待洛丽塔，是冒着失去她的危险的。当你给一个有着严重生活问题，却不愿自己承担责任的恋人设定严格界限的时候，可能出现以下三种情况（或者三种情况全占了）：

1. 你的恋人很生气。
2. 你的恋人答应改变，当然，说的比唱的好听。
3. 你的恋人答应去寻求帮助。

你必须认识到，如果你的恋人不愿做出正确选择寻求专业辅导，那么你不仅有权利而且有责任拒绝继续营救他／她。这不是什么背弃，这是自我拯救。大多数"救世主"很难接受这个事实，因为他们背负着太多的负罪感。但是我们也看到了，守护和拯救本身就是一种问题，而不是解决之道。如果你被别人的问题压倒了，怎能还有力气去为身陷执迷的自己找到出路？

娜塔莉和里克

柯克设定的界限清晰明了。对于总是帮助恋人里克解决财务危机的娜塔莉来说，设定界限就比较复杂了。

娜塔莉很难要求里克停止做梦或者提高经济能力。但是经过两周的情感假期，她坚持让里克定下计划，逐步把钱还给她，她还要求里克开始支付一部分家庭开支。

令娜塔莉惊讶的是，里克积极响应了她定下的新规矩。里克告诉娜塔莉，他厌倦了自己像一个软脓包，他会做出改变的。他只请求娜塔莉给他三十天的宽限，让他好好去找个工作。娜塔莉答应了。

娜塔莉

他每天都带着招聘广告出去，但总是没什么进展，不知道是为什么。也许他根本没有好好找，也许他把面试搞砸了。但无论怎样，我努力按捺住替他揽责任的冲动，我拒绝帮他浏览招聘信息，拒绝帮他写求职信，甚至拒绝借车给他去参加面试。一个月过去了，他一无所获，所以我强迫自己告诉他，他得搬出去了。这么做让我难过得要死，因为我真的仍然相信他是有潜力的，但我也知道，我没法让他的潜能释放出来。所以，我再也没能见到他，也没能见到我的钱。但至少我减少了自己的损失，无论是金钱上还是心态上。

娜塔莉发现自己是一个典型的、恋人长期有财务问题的"救世主"：如果她选择结束这段恋情，那么她将损失所有借出去的钱，但是如果不结束恋情，她面临的是绵绵不绝的痛苦和更多的经济损失。

尽管很痛苦，而且需要足够的勇气，娜塔莉还是在她当下的处境中做出了最有益的选择。而且虽然事情已经告一段落，娜塔莉还是感到痛苦和内疚。随着心理治疗的深入，这些感受的深层根源开始明晰起来。

三个月现状核查

如果你正在与执迷恋情做斗争，你对自身恋情的认知也许仍然是云里雾里，尽管你已经开始采取一些新策略来对抗执迷，知道你的恋情必须改变是一回事，但随着时间的推移，你想要的这些变化是否能真的发生，就是另一回事了。

在追逐"目标"的过程中，你习惯了忍受拒绝和屈辱，这使得你很容易做出一些细枝末节的改进，然后继续容忍一份没有未来的、不健康的感情。正因如此，我要你如实地评估自己的恋情，在你付出了这么多的努力去改进之后，是否有发展的可能。

这就是我说的"三个月现状核查"，这很简单：你返回原来的恋情三个月后，重新做一次情感处境核查单，如果你的回答中还有"是的"，那么你的恋情还是很糟糕，我建议你最好放手。

没有女巫和水晶球

几乎所有的咨询者在放弃执迷恋情之后，都会跑过来找我寻求安慰，问我是否他们改变执迷行为就能挽回感情。我无法给他们确切答案，每个人的情况都不同。

你的恋人之前拒绝你，也许不仅仅是因为你的行为，或者根本就不是由于你的行为。即使你的执迷行为是对方疏远你的唯一原因，你现在改变恐怕也太晚了，他／她的感觉已经很难挽回了，对方很难再冒险去相信你了，永远不会了。如果你是一个有"救世主情结"的恋人，你的"目标"可能拒绝为他／她自己的问题承担责任。况且，如果你的"目标"真的对你失去了兴趣，你的任何改变都焐不热他／她的心。

重要的是，你不能把所有的鸡蛋都放到一个篮子里，你也最好不要把所有的感情都寄托在你那份问题重重的恋情里。你的幸福太重要了，无论如何也不能把它交到一个曾经拒绝过你的人的手里。

你的恋情在你的感情健康面前，必须退而居其次。如果在你的努力下，你的恋情有了好转，那么继续加油！如果你怎么努力恋情都没有起色，那么你还是得离开你的恋人。你的感觉会越来越好，而且你也会掌握重新建立一段健康感情的技巧。不管怎样，你总会成功的！

第十二章　把执迷斩草除根

被拒绝打开了每一个执迷者内心的潘多拉盒子，释放出一对孪生恶魔，一个冲你喊"没人爱你"，一个冲你喊"你不值得人爱"，它们是你内心深处不自信的化身，搅得你焦虑不堪。被拒绝让你感觉自己非常差劲——要才没才，要貌没貌，不中看也不中用，简直废物一个。

这些负面情绪很大程度上源于童年时期被拒绝的痛苦感受。童年期的心理阴影引发连接强迫，当你作为一个成年人被拒绝的时候，蛰伏在你内心深处的童年时代的恐惧和焦虑被激活了，所以你必须同时面对两份拒绝：当下的和过去的。被拒绝的痛苦不仅来自恋人对你的感觉，还来自你对自己的感觉。这是感情上遭受的连环拳，让拒绝看上去难以接受。

到目前为止，你所做的那些艰难而勇敢的尝试，已经很大程度上中止和改变了你的执迷模式。如果你想把这些改变内化成自己的一部分，而不是一种强制，那么就必须将连接强迫的根源斩草除根。

面对被拒绝的童年

人们通常是在职业心理治疗师的帮助下处理童年创伤的，但是很多执迷恋人，尤其是那些童年时并没有遭受过严重虐待的执迷者是可以自己处理的。如果你决定自己处理童年阴影，最好有心理准备，很可能唤起的往日感受会比想象中要强烈得多。最好确保有一个朋友或家人在身边支持你。如果你还是在强烈感受的冲击下失去了平衡，最好去找一个训练有素的治疗师。

有些人坚称自己的父母很慈爱，小时候从来没有被拒绝过。许多情况下，我相信这是真的。但这并不意味着你从来没有经历过童年期的拒绝。我们知道，对于孩子而言，即使没有遭受真正的拒绝，他们有时也会感到被拒绝。

安妮当然相信她的父母很爱她，尽管她跟我详谈了因为她哥哥染上毒瘾，父母忙于处理而疏忽了她的事情，她也仍然相信自己的父母是好父母。她没有看到，父母的疏忽或许跟她后来试图自杀的事情有关系。

安妮

他们已经尽最大努力了，我没有什么可指责他们的。确实，我感到自己被忽略了，但是他们一直很爱我，那不是拒绝。现在我和父母之间非常亲密，我不想做任何破坏我们之间关系的事情。我本来没有生父母的气，你却好像试图让我生气，我没什么好生气的。

确实，相比很多其他前来咨询的执迷恋人，安妮的童年没什么好抱怨的。她没有被遗弃，也没有遭受过身体的、性的或者言辞上的虐待，而且她的父母既不酗酒也不吸毒。安妮爱她的父母，对我对她父母可能不称职或冷酷的暗示感到气愤。

苏珊

看吧，现在你也许能够理解，是哥哥吸毒的问题使得父母无暇顾及你，但是当时你太小了，很难理解这些。你跟我说过很多次，你感觉到自己有多么被无视，多么被忽略。

安妮

但我并没有被拒绝，拒绝是人家不要你了，只有坏父母才拒绝他们的孩子，我爸妈只是太忙了。

我向安妮保证，我没有试图去指责她的父母是坏人或者不合格。但是事实上，安妮曾经描述过自己小时候感到被忽略的经历。感到被"忽略"与感到被"拒绝"只是措辞不同而已，其潜在的感觉没什么不同。

在我们的互动过程中，安妮渐渐明白了，她过去的经历确实属于童年期的拒绝。有了这一层认识，她终于能够看到过去的经历和现在的执迷之间的联系。一旦她认识到了这个联系，她就能采取措施减少执迷对她的影响。

安妮的故事说明了童年期被拒绝的经历可以多么的微妙，对于很多"救世主"来说更是如此，尤其是当他们的父母患有身体或精神疾病，而不是酗酒吸毒的时候，拒绝往往不是有意为之。但是，不管你的创伤是明显的还是隐晦的——如果你想治愈它们，就必须面对他们。

写一封信给曾经拒绝你的父母

经过一段时间的心理治疗，玛格丽特开始理解她之所以这样痛苦，不仅是因为跟菲尔的感情失败，还因为这段感情揭开了她的童年伤疤。玛格丽特的父亲不仅离开了她，而且离开之后也没有再联系她，对于伤心的小玛格丽特来说这是雪上加霜。

我问玛格丽特，有没有采取过什么措施来应对父亲离开带来的伤痛？玛格丽特回答说，她从来没有为自己的创伤做过什么。对玛格丽特而言——和大多数人一样——童年时期的创伤是已经过去的事了，接下来就是试着去忘记。但是这种方法把阴影埋在了内心深处，永远都会隐隐作痛。我告诉玛格丽特，要想一劳永逸地将痛苦斩草除根，她必须停止压抑自己的痛苦。

为了帮助玛格丽特停止压抑自己的痛苦，我让她给抛弃她的父亲写一封信，告诉父亲，当他离开时自己的感受。一旦她把痛苦写在纸上，无论如何都得直面痛苦。她是这样写的：

亲爱的爸爸：

你离开的时候，我的心都碎了，我害怕极了。我能理解你为什么会离开妈妈，很多人都离婚了，可是你为什么还要离开我呢？你为什么不来看看我？你为什么不给我打电话？为什么不给我写信？我一直觉得那是因为你不再爱我了，也可能是我做错了什么事，惹你生气了。当我看到别的孩子跟爸爸在一起的时候，我就更加伤心了。我猜你只是从来不在意我有多么爱你，我永远都无法理解你怎么能那样对我，你就那样走了，头也不回。你不该这样对我，我做的一切都是因为我爱你。

玛格丽特

玛格丽特把这封信带到心理互助小组来的时候，她告诉我们她整整犹豫了四天才下笔。这说明她有多么害怕面对这种未解决的痛苦。

她大声给我们读这封信的时候，哽咽难言，不得不停下来好几次。但是，她意识到尽管很不舒服，但并不像担心的那样具有毁灭性。这个发现让她很振奋——她很痛苦，但她能掌控。

我建议你给自己写一封信，它能帮你澄清、识别和关注童年时被拒绝带给你的感受，好让你行动起来，驱逐那些顽固的心魔。用那些最能表述你的处境的话开头，比如：

- 当你离开我的时候，我感到……
- 当你忽略我的时候，我感到……
- 当你总是数落我的时候，我感到……
- 当你打我的时候，我感到……
- 当我不得不照顾你，好像我是你的父母时，我感到……
- 当你醉酒的时候，我感到……

试着回忆和表达你的童年感受，不要评判，不要犹豫。不管是什么样的感受，你有权全方位地表达出来。

罗伯特是那个拿锤子砸了女友的车的音响推销员，他找到我是因为担心如果控制不了脾气，他很可能做出伤害别人的事情。罗伯特这样做实属难得，那些把报复幻想付诸行动的人，大多因为缺乏勇气或认识不充分而没有去寻求心理辅导。罗伯特看上去是真的很想控制自己的愤怒。

我让罗伯特给他的父亲写一封信，这样他可以把自己的感情表达出来。当他还是个孩子的时候，他父亲为了另外一个女人离开了他的母亲，他在跟萨拉的恋情中复制了这种感受。接下来的一周，罗伯特给父亲写了一封长达五页的信，以下是这封信的部分内容节选：

爸爸:

　　那晚你把我一个人留在路上,扬长而去。我感觉自己像一只被人踩在脚下的臭虫,希望有一天我也能那样踩你……

　　什么样的父亲会把一个荡妇看得比自己的亲生儿子还重要?一个真正的混蛋,你是……

　　我永远不会原谅你那样对我,我也永远不会原谅你那样对我妈妈,你视我们如粪土,我恨你!

你的儿子

罗伯特

　　跟玛格丽特比起来,罗伯特在信里表达的感受主要是生气,而不是伤心。但实际上,罗伯特和玛格丽特的感受大同小异。当一个孩子被拒绝的时候,伤心和生气都是难免的。

　　罗伯特的生气和玛格丽特的伤心反映的是同一种痛苦,只是他们用不同的方式表达了出来。社会文化影响了他们表达痛苦的不同方式,女性更容易表达悲伤,而男性则更倾向于发怒。罗伯特无意识地用生气来掩盖“女性化”的悲伤情绪;而玛格丽特则正好相反,无意识地用伤心来代替她的愤怒。

　　就这封特别的信而言,没有对和错,没有好与坏,其目的是拨开你内心压抑已久的阀门,写下你能触及的感受。

　　如果你选择做这个练习,那么写信只是任务的一半,你还要大声读出来,不管是对着一个让你完全放心的人读,还是读给自己。只有读出来,你才能充分阐明你长久以来郁结于心的感受。

　　再读读你写的信,如果愿意的话,就多读几遍。你读得越多就越有效果。实际上,听着你曾经一直否认的话,对你的潜意识有很大的影响。

很多咨询者选择真的把这封信寄给拒绝过他们的父母。如果你决定这样做，那么就去做吧。但有话在先，这样做有可能把你内心最强烈的情绪释放了出来，而且可能会激化你和父母之间的冲突。

这种跟父母的"对峙"是一项重大的人生决定，你必须有充分的心理准备才可以尝试。然而，有效的对峙能够最大限度抚慰你的创伤，是你能为自己做的最有意义的事情之一。

写出更深层的情感

因为罗伯特有暴力倾向，所以我让罗伯特再给他的父亲写一封信，这一次他得按捺住自己的愤怒，以便发现可能存在的其他情绪。一周后，他带来的第二封信只有半页纸，与第一封信截然不同。

亲爱的爸爸：

当你离开我的时候，我觉得自己就像坨屎一样，我觉得你根本就不爱我，你不在乎我，你不想要我，你不需要我，而且你也不喜欢我。我哭得很惨，哭得停不下来。直到现在，一想起来我还是想哭，有的时候我还是觉得自己就像坨屎一样。

你的儿子
罗伯特

发怒是罗伯特的家常便饭，但是现在他触摸到了隐匿在愤怒之下的其他情绪，比如伤心、无助、屈辱等。每次被女人拒绝，小时候的感受就会再次从罗伯特心底涌起。当罗伯特还是个孩子的时候，他无力反抗只能承受，但是现在作为成年人，他可以通过暴力宣泄内心的感受，暴力瞬间掩盖了他的无助，让他感觉充满力量。

第二封信让罗伯特在相对放松的状态下再度体验了自己"柔弱"的一面，他开始接受"柔弱"是人性中正常的一部分。相应的，罗伯特也不再觉得这种感受是很大的威胁，减少了他以暴力来对抗"柔弱"的需要。通过触摸自己隐藏在愤怒之下的感受，罗伯特从根本上排除了引发暴力最重要的"扳机"之一（尽管绝不止一个"扳机"）。

随着治疗的推进，罗伯特继续努力练习控制自己的暴力倾向和执迷。经过一段时间之后，他摆脱了对萨拉的执迷，跟另外一位女性相恋，并建立了稳定的关系。现在已经过去一年多了，罗伯特没有再出现暴力行为。

迟来的道歉

我们每个人的内心都活跃着一些来自童年时期的感情和回忆。当执迷者在成人的感情世界里重演儿时的挣扎时，弱小无助的孩子像影子一样跟着他们。通过执迷，"内在小孩"被迫一遍一遍地品尝当年被父母拒绝的痛苦。

诺拉的妈妈曾经拿皮带抽她，还污蔑她勾引继父。我把这个道理解释给诺拉时，她意识到自己一直让"内在小孩"受尽折磨。我问她是否想要向自己的"内在小孩"道歉，她说很乐意这么做。

我让诺拉把自己想象成一个小女孩，然后让这个小女孩坐在她对面的空椅子上。我让她告诉那个小女孩——她的"内在小孩"——她有多抱歉让她承受那么多的痛苦和折磨。诺拉思考了几分钟，然后断断续续地开始了。

诺拉

亲爱的，真是很抱歉。我一直亏待你，让你觉得没人爱，让你觉得好像从来没人在乎你受到了多少伤害。更抱歉的是，我居然让你一次又一次、一次又一次地承受这些，只因为我放不下汤姆。但是现在汤姆已经离开了我们的生活，我不会再让这样的事发生了，不管对方是谁——至少我会努力——为了我们两个。

诺拉的道歉不仅减轻了悔恨，还巩固了她的自信。她相信有能力减轻自己的痛苦。

诺拉感到震惊，之前她一直指望别人帮她缓解痛苦。现在她开始相信自己。诺拉为此感到非常激动。

诺拉的"好妈妈"练习

接下来，诺拉迫不及待地告诉我，她设计了一个"好妈妈"练习。每天上班之前，她都要做一遍这个练习。

诺拉

我总是想，妈妈从来没对我说过一句好话，要是她能夸夸我，现在我应该是另外一番模样了吧。以前有个老师对我特别好，有时候我想象着，她要是我妈妈该多好。所以我的做法是，想象自己还是一个小女孩，这个老师就是我妈妈，她穿过屋子走向我，脸上挂着温暖的笑容。她挨着我坐下，伸出手臂抱着我，跟我说很多很多我想要妈妈说出来的话，我想象着她把世界上最动听的话都说给我听。

我很想知道诺拉想要妈妈说些什么，所以我让她做这个练习给我看看。

诺拉

我真的很爱你,你这么漂亮又这么聪明,我为你骄傲。你无论做什么都很好,你是一个了不起的好孩子,就算给我一个天使,我也不换。好庆幸我能有你这样的孩子,你让我好开心,而且这也是我想为你做的——让你像我一样开心。

诺拉说完的时候,眼睛湿润了,我也快落泪了。她需要一个爱她的妈妈来代替那个虐待她的人,通过这个奇妙的练习,她从自己的内心找到了一个"好妈妈"。这个行之有效的康复练习叫作"重塑父母",通过练习,她开始摒弃母亲在她潜意识里填塞的负面信息,重新给自己灌输充满爱意的、肯定的信息。她一直渴望,而且本应如此。

诺拉很好地为我们示范了如何举一反三,把你学到的那些形象化、角色扮演的练习转化成属于你自己的新练习方法。当我告诉诺拉,我要把她创造的方法推荐给其他咨询者时,诺拉很高兴。我把"重塑父母"练习纳入我的心理治疗体系之中,多年来帮助了很多咨询者。

你不能指望随便哪个练习就能一劳永逸解决你多年的伤痛,尤其是在你才练习了一次的时候。有一些练习需要你反复做,就像体能锻炼一样。另外一些练习只需要做一两次,比如,你当然不用每个星期都给拒绝你的父母写信,但是你可以重读你最初写的信,多读几遍。而且你可能也没必要不停地给"内在小孩"道歉,一两次就行了,但是每当你感到害怕不安的时候,你都可以安慰那个小孩。需要做多少次"重塑父母"练习也没有严格标准,这个练习就像感情维生素一样,多点少点随你需要。

放弃童年的挣扎

当你做这些练习的时候，会感到重新充满力量，重新找到方向。你会发现自己正缓慢而有力地夺回人生控制权。经过给父亲写信以及"好爸爸"练习，玛格丽特感到了多年未有的轻松。但是在她能够完全放弃童年的挣扎之前，她必须揭开悲伤掩盖之下的愤怒，就像罗伯特不得不透过愤怒看到自己的悲伤一样。

为了帮助玛格丽特做到这点，我让她想象自己在演一出戏，由她扮演自己的父亲。玛格丽特要演出，父亲读到女儿写给自己的信后，有什么样的反应。

开始的时候，玛格丽特扮演了一个看上去十分愧疚的父亲，深深感到自责。考虑到她的父亲在现实中是如何对待她的，这个表现是一种非常离谱的幻想。所以我打断了玛格丽特的演出，告诉她现在是让她扮演真实的父亲，而不是扮演自己想要的父亲。这给玛格丽特增加了不少难度。

玛格丽特

（扮演她的父亲）

关于这封信，我不知道你想要我说什么，那些事过去太久了，我都没什么印象。我跟你妈过不下去了所以离婚，你是我想要甩掉的包袱之一。我不打电话是因为我不想打，我对你没什么话好说，我也没兴趣知道你要跟我说什么。以前我不在乎你，现在也一样。

苏珊

好吧，就这样。你的恐惧溢于言表，现在感觉怎样？

玛格丽特

我不知道,因为这些其实都是我的话,而不是他的,这些话里都是我的恐惧。我不相信他真的会这么对我说。

苏珊

可是,玛格丽特……他已经用行动跟你说过这些话了啊。

一瞬间,玛格丽特看上去差点哭了出来。但是真相渐渐明晰,玛格丽特开始生气。

玛格丽特

你说得对,那确实是他说的!他就是个混蛋!他不在乎!他压根就不在乎!菲尔也是这副德行!我不能再这样对待自己了,我不能再热脸贴冷屁股地追着那些根本不在意我的人了,我得停下来!

玛格丽特接受了父亲不爱她的事实,父亲的行为反映了她在父亲心中的分量。玛格丽特放弃了导致她的执迷行为的核心信念之一:父亲其实爱着她,她可以找回父亲的爱。发现了自己对父亲所作所为的愤怒,让玛格丽特意识到她对菲尔抛弃自己的行为同样感到愤怒。

除了对父亲和菲尔感到气愤,玛格丽特也生自己的气,气自己居然愿意被这样对待。这帮助她弄明白了自己不应该在感情中委曲求全。最终,她准备好了给恋人设定界限,同时也给自己设限——这是了不起的进步!

玛格丽特还发现了一个消除童年痛苦的最好方法:放弃妄图改写过去的挣扎。

童年期被拒绝与个人责任

你不必为童年时期遭受过的任何形式的拒绝负责。关于这一点，再怎么强调都不过分：

你不必为小时候遭受过的任何形式的拒绝负责！

这是一条基本真理，它在很大程度上影响你对自己的感觉，以及你如何处理与他人的关系。

现在你看到了童年遭遇和执迷爱恋之间的一些关系，也许会试图用这个理由来为自己的执迷行为开脱。

雷蒙德就陷入了这个套路。雷蒙德是那位跟妻子凯伦一起来咨询的电影摄影师。当我们发掘他的童年经历后，雷蒙德开始领会到小时候被酗酒的母亲拒绝的伤痛，他开始怨恨凯伦没有同情他的遭遇。

雷蒙德

我确实有一点蛮横，有很多问题需要解决。要是你有一个像我一样糟糕的童年，你也不会长成心理健康的模范好人。为什么凯伦看不到这些？为什么她就不能对我宽容一点？

雷蒙德的强词夺理阻挠了心理疗程的推进。我告诉他这是典型的"我很惨所以我执迷"的借口。凯伦没理由为他小时候的遭遇负责，也没有义务忍受他现在的过分行为。

劝各位不要坠入雷蒙德的套路。如果你对恋人造成了痛苦，就应该由你全面负责，你有义务找出方法来停止伤害。

你不需要为童年的遭遇承担责任，但你不能以此为理由而不积极改变现在的执迷。

去象征化——把恋人与父母的影子剥离开

作为一个执迷者，你总是希望恋人能够弥补现实中父母对你的拒绝。除非你能把恋人与父母的影子剥离开来，把恋人"去象征化"，否则很难把这么多年的挣扎画上句号。

雷蒙德很长一段时间无法把凯伦和自己的母亲区分清楚。为了帮助他停止这种捆绑，我让他带来两张照片，一张他妈妈的照片，一张凯伦的照片。

在接下来的一次治疗中，我让他将两张照片并排摆在一张空椅子上。然后我让他对着凯伦的照片道歉。

雷蒙德

很抱歉我把你和我妈妈混为一谈，你们是截然不同的两个人。我错了，没能把你当成单独的个体。

这时我打断了他，让他把两张照片分开，用这样的方法象征性地把两个人分开。他拿起妈妈的照片放到另外一张空椅子上。当他重新开始跟凯伦说话的时候，每次提到妈妈的时候，都要扭头看妈妈的照片。这有助于强化他的练习目标——不能把凯伦当成妈妈来看。

雷蒙德

我妈妈快把我逼疯了，我一直试图让她看到我是多么爱她。当我遇到你，我开始做同样的事情，但是我快把你逼疯了，瞧瞧我做了多少蠢事！我妈妈是个酒鬼，而你不是；我妈妈总是吼我，而你不会这么对我。

　　从小我就得照顾我妈妈，而你会照顾你自己。照顾我本来应该是我妈妈的责任，而不是你的责任。我妈妈总是让我难过和害怕，和你在一起时我也常常有这样的感觉。但我知道那不是你的错，以后我必须提醒自己。太抱歉了，我过去一直没有把你和妈妈分清楚。

　　通过做这个练习，雷蒙德不仅理解而且能够感受到母亲和凯伦的不同。他告诉我这个练习对他影响至深。这对雷蒙德来说是一项重要的情感体验，每当他用小时候对待妈妈的反应来对待凯伦的时候，他就会警醒。

　　通过将凯伦"去象征化"，把凯伦和自己母亲的影子剥离开来，雷蒙德终于放弃了那些不着边际的幻想。

没有恋人能够治疗你童年时被拒绝的创伤。

　　必须是你，而且只能是你，有能力、有动力、有责任去完成这项挑战。

　　童年时被拒绝的伤痛不会顷刻间消失得无影无踪，经年累月形成的伤口需要慢慢愈合。但是如果你把这些练习变成生活中的一部分，就会逐渐消除童年阴影，笼罩在你爱情世界上空的阴云也会随之消散。你不再是一个无助的小孩了，你是一个成年人，你有责任也有能力赶走往日的心魔。

第十三章　找到真正的爱情

你已经能够直面执迷恋情的根源——童年时期被拒绝的心理阴影。现在只剩下一件事了：巩固这些转变，确保你将来的恋情或者当下已经修正过的恋情能够运行在健康的轨道上。

无论你是准备发展一段新恋情，还是正在恋爱中，都难免会遇到各种形式的拒绝——哪怕只是暂时性的。这没什么大不了的，被拒绝只是正常交往中的一部分，不至于那么悲惨。

如果你正在恋爱，不管你的恋情有多甜蜜，你的恋人也有可能退出；他／她也可能说气话，让你感到自己被嫌弃；一些误会也可能让你感到好像被拒绝；甚至随着时间推移，两个人也可能觉得彼此不合适决定分开。人的感觉起伏不定，没有什么感情是铜墙铁壁的。

如果你正在寻觅一份新感情，那么在找到你的真爱以前，你可能会经历很多拒绝。你的意中人可能对你不感兴趣，他／她可能害怕亲密，也可能时机不对，还有可能家庭因素导致你们走不到一起，甚至可能因为对方不喜欢你的狗……原因千奇百怪，理由五花八门，各种可能性都存在。即使你已经完全控制住了自己的执迷，还有很多你控制不了的因素。

　　我的意思并不是说你的感情生活注定要充满波折，不管怎样，提前预防总没坏处。而且无论身处怎样的感情当中，掌握一些应对拒绝的技巧能够让你更有安全感，更加从容。在本章中，我将引导你改变对拒绝的看法，教你一些应对拒绝的好方法，为你找到真爱做好准备。

老问题，新视角

　　作为一个执迷恋人，你过去常常察觉不到你的执迷行为给你们的关系带来的伤害，你可能觉得恋人没心没肺，自己可怜巴巴很无辜。那么现在，作为一个曾经的执迷恋人，你很可能对之前的盲点变得特别敏感，决心避免重犯过去的错误，于是你走向另一个极端——新恋情中出现任何问题，你都一股脑儿地算到自己头上。

　　当一个新的恋人拒绝了你并且又不明说是因为什么时，上面说到的这种情况就极易发生。毕竟，人们在结束一段感情时通常很难直截了当、明白无误地说明真实的原因。或许你的恋人就那么走了，也或许没有任何解释就是不跟你联系了。很多人自己也不明白为什么忽然感到厌倦了，他们只知道自己想要退出。当"前执迷者"面临这些莫名其妙的拒绝时，他们通常会假设，也许换个做法就能挽救这段恋情。

并不总是你的错

　　我们的心理疗程进入尾声的时候，诺拉就陷入了这种不公正的自责。诺拉放弃对汤姆的执迷大约一年后，她结识了另外一个男人。他们约会了几个月，那个男人却忽然提出分手。

诺拉

　　我不敢相信他居然要退出，一切都进展得好好的。我对你发誓，我不再紧张兮兮，也没有天天打电话。他差不多每周约我两次，我感觉还好，真的没有急不可耐。然后他就这样冷不防丢给我一个重磅炸弹，他说他不再爱我了，我不敢相信！我问他我做错了什么，但他就是兜圈子说不出个名堂来，我到底做错了什么？

　　我告诉诺拉，她没有理由怀疑是自己做错了什么，总是猜来猜去反而会弄巧成拙。如果她铆足了劲地挑自己的毛病，免不了找出个什么差错来自责，但是这改变不了什么。

　　为了帮助诺拉从比较积极的角度看待自己的处境，我让她在不自责的前提下，尽可能多地想出这个男人有可能拒绝她的理由，然后把这些理由列出来。

　　以下是诺拉列出的理由清单：

- 他没有勇气承诺一段感情。
- 他不相信女人。
- 他有妻子和十二个娃。
- 他决定要当和尚。
- 他感情短路了。
- 他只有六个月可活了。
- 他只喜欢蠢女人。
- 他害怕亲密接触。
- 他被黑手党追杀。
- 他是通缉犯。
- 他在躲他的妻子和十二个娃。

- 他羞于说他穷得实在谈不起恋爱了。
- 他是一个外星人。

诺拉的幽默帮她减少了一些失望，看似胡闹的清单甚至帮她获得了一个重要的认知：恋人离开的理由可以与她无关。

在恋爱关系中有两种极端情形，一种是什么责任都不负，一种是什么责任都负。在这两种极端情形之间还有一个中间地带。当你找到这个地带时就能领悟到，恋爱是两个人的事，两人各有自己的内心冲突和个人动机。

如果你接受了这个事实，就不至于每次遭到拒绝时都把生活弄得颠三倒四。这种全新的视角能够帮助你消除自卑和自责感。抛弃这些负面的情绪，面对和处理新恋情也就更轻松了。

老问题，新对策

我们都知道挫折多么可怕，它让你感到痛苦、屈辱，想不明白也说不清楚。我们总是想出一大堆要说的话，可真到了要说的时候却慌了神，要么没说明白，要么还不如不说。

正因为如此，面对可能遭遇的拒绝我们有必要多备两手。不仅仅是备好，还要保证能用得上。这样才能最大限度地保住你的尊严。下面举例说明。

与菲尔分手大约四个月后，玛格丽特忐忑不安地来到心理互助小组。

玛格丽特

我和新认识的男人接触了好几个星期，真的开始喜欢他了。但是我很害怕我们的关系会进展不顺，甚至害怕和他一起出去了。我不知道能不能再承受一次被拒绝的羞辱。和菲尔的事都快把我给刺激神经了。

玛格丽特在控制执迷行为方面已经取得了长足的进展，童年时期被父亲抛弃的心理创伤也在慢慢修复。但是，跟菲尔恋爱失败造成的情感创伤仍然没能愈合，她担心再次被拒绝。那样的话，旧伤就要复发，她免不得又要重蹈覆辙，做出自轻自贱的执迷行为。

尊严的雷区

过去，玛格丽特面对拒绝的反应跟很多执迷者类似，我们称之为"尊严的雷区"。

最常见的尊严雷区有：

- 祈求对方再给自己一次机会。
- 拒绝接受恋情已经结束的事实。
- 威胁要伤害他人或者自虐。
- 还没分手就说没有他／她就活不下去。
- 为了留住恋人什么事都愿做。

以前，玛格丽特这些贬损尊严的行为让她觉得自己很蠢、很绝望，还很疯狂。为了减轻她的担忧，我建议她针对可能触发执迷行为的"扳机"进行反应模式训练。

尊严庇护所

为了帮助咨询者建立面对拒绝的健康反应模式，我常用的方法之一是在无害的情况下，模拟有可能出现的最坏遭遇。

开始练习之前，我为她做了个示范。我让治疗小组的成员都来模拟跟我分手，让他们每一个人对我说一句拒绝的话。这些小组成员都遭遇过拒绝，每个人都听过刺痛他们的话，各有各的痛处。然后我向玛格丽特演示，对于恋人扣动的"扳机"该如何反应。

我把这些新的反应模式称为"尊严庇护所"。

"扳机"："我再也不想见到你。"
反应："听你这么说我真伤心，但我尊重你的决定。"

"扳机"："我受不了了，你太黏人了！"
反应："我知道我黏人，但是我正在努力克服，很遗憾你不愿再给时间让我去改变了。"

"扳机"："我不爱你了。"
反应："谢谢你的坦诚，很遗憾我们走到了这一步。"

"扳机"："我对你的身体已经没感觉了，做普通朋友吧。"
反应："我们对这段感情的期待显然不同，我想分手就要彻底，最好干脆不要见面了。"

"扳机"："我不想伤害你的感情，但你不是我喜欢的类型。"
反应："我希望事情不是这样，但我接受这个现实。"

演示后，我把"尊严庇护所"的反应清单给每个成员发了一份。然后我们重新开始练习，这次由玛格丽特扮演被拒绝的角色。当每一个成员对她说出拒绝的话时，她用清单上的反应模式来回答，或者可以根据清单上的模式自由发挥。练习结束后，玛格丽特有了新的感受。

守卫尊严的秘诀是：要确保你的反应不以争论或自我辩护为目的。有了这个方法，你将不会再回到那种祈求别人爱你、说服别人爱你的尴尬境地。

当然，就算你把"尊严庇护所"的准则理解得再透彻不过，当你再度遭遇拒绝的时候，也许还是语无伦次。正因如此，我强烈建议你把这份清单上的应答背下来，记在心里，以备不时之需。你不用非得在心理治疗小组里学习或练习这个，用录音机来练习也一样有效。

做这个练习需要你录下一组拒绝的话，每句话之间留出一段你用于回答的时间。你可以用练习中那些拒绝的话，也可以运用你自己经历过的拒绝。慢慢你会发现几乎所有形式的拒绝，你都可以从容应对。

当你被戳痛旧伤疤的时候，新的应答策略能够保护你免于说出让自己后悔的话，做出让自己后悔的事。这些守护尊严的应答策略就像是你的庇护所，保护你远离感情的雷区。

面对模棱两可的双重信息

避免触发执迷行为还有一种方法，那就是当对方含糊其词的时候，你要学会弄清楚他／她的真实意图。正如我们所看到的，双重信息能让你心绪失衡，一方面你绝望地抓住对方投射出的一星半点的温暖，感觉似乎他／她还爱你；另一方面温暖背后的冰冷黑暗让你瑟瑟发抖，觉得对方不想要你了。拨开迷雾最简单的办法是拒绝被糊弄。

如果你发现你的恋人说一套做一套，不要猜！直截了当地问。

下面是一些例子，你可以这样去问对方：

• 有些事我不明白，你说你爱我，但是你不愿拿出时间跟我待在一起，这难道不自相矛盾吗？

• 你把我弄糊涂了，我们每周约会三次，但是你仍然跟别人出去，你想要的是哪种关系呢？

• 你表现得好像想要给我一个真正的承诺，但每次我提起来你就闪躲，我想知道我是不是在浪费时间？

• 你口头上对我山盟海誓，但丝毫不见行动，你到底是怎样打算的？

• 我们单独在一起的时候，你待我好像很特别，但是我们出去跟你的朋友们在一起时，你表现得似乎就是和我玩玩而已。这让我感觉你跟我在一起就是为了上床，是这样吗？

显然，这个清单还可以无限延长，但是核心策略是用提问把隐藏的疑问摆到桌面上来。尽管得到的答案可能不是你想要的，但是知道真相好过整天疑惑、害怕，惶惶不可终日。

执迷过后可有真爱？

如果你已经按照这本书的内容认真做了练习，你对自己的感觉会好得多。纵然如此，邂逅新恋情的时候你还是会感到不安。毕竟你在执迷模式下生活了那么多年，很难不戴执迷的眼镜去看待爱情。

现在你已经装备齐全，拥有了很多工具，这些工具能够让你以更健康、更自信的姿态投入爱河。可是，这并不意味着你已经能够娴熟地运用这些工具。在你能够从容自信地面对另一半之前，得先学会从容自信地对待自己。

学会相信自己

很多前执迷者生怕重复过去的错误，因此在新恋情面前战战兢兢、如履薄冰。他们想要接近对方、了解对方，但是因为太紧张了，在对方看来好像神经兮兮、畏畏缩缩、遮遮掩掩的。

跟约翰分手后安妮遇到了新恋情。她非常担心，怕自己稍稍放松就会失去控制，让执迷卷土重来。

我向安妮保证，如果她能放松下来，允许自己承担一些感情上的风险，随着时间的推移她会越来越自信。退一步来说，即使感情进展得不顺，她也能从挫折中吸取教训。一直保持戒备对你和你的恋人来说都是一种负担。

安妮同意在新男友面前尽量放松一些。到了相恋六个月的时候，她感觉自己不再那么焦虑了，不再害怕跟男友坦诚相待了。

安妮

不知道我是更相信他还是更相信自己了，我变得很通达。我不再那么急于下结论，也没那么忧虑了。如果这段感情没有结果，那就没有结果吧，对我来说也不是坏事。以前我总是一门心思想要对方爱我，以至于从没在乎过自己在这段感情中有多惨。现在我知道，如果一段感情让我感到不快乐，就可以离开。我会感到沮丧，但还会活下去。我给予了自己真正的自由，这种感觉妙不可言。

安妮意识到爱情最重要的是要好好享受当下，而不是担心不可知的未来。为了保持这种状态，她重新开始与朋友们联络，参加各种活动。当年因为执迷于约翰，她把生活中那么多美好的事物全抛在了脑后，现在她把爱情当作生活的一部分，而不是生活的全部。

随着时间的推移，安妮发现自己越来越轻松了，不需要非常努力去控制执迷了。她在情感假期里学习的执迷系统终止技巧，现在已经成为一种习惯。她学会了更加相信自己，对执迷倾向的恐惧也在消退，她的爱情非常甜蜜。

用一种新的方式去爱

雷蒙德和凯伦仍然在一起，但是彼此的关系日渐不同。雷蒙德正在学会控制住他的执迷行为，凯伦对雷蒙德的行为正在学会划出明确、严格的界限。

雷蒙德的疗程即将结束时，他给凯伦写了一封信，信的内容深刻、切中要害。

亲爱的凯伦：

尽管我们已经认识三年了，但我还是愿意把那一刻作为我们恋爱开始的标志——一年前的今天。是情感假期挽救了我们的感情，感谢上帝！

我知道自己内心的愤怒和痛苦实在与你无关，对你的爱每天都在提醒我记住这一点。只要我能从尊重出发、从真爱出发与你相处，我们的爱将会茁壮成长。

我心里清楚这并不容易，我还有很多东西要学，还有很多习惯需要去改变。我爱你，因为你不轻言放弃，我给你带来那么多的痛苦和折磨，可你依然和我坚守在一起；我爱你，因为你再也没有让我离开；我爱你，因为你给了我机会改变自己，换作别人恐怕就要早早放弃了。最重要的一点，我爱你，因为你是你。

（属于我们的）周年快乐，我的宝贝，我爱你！

你的雷

雷蒙德的周年信是一个欢乐的庆祝方式，不光是庆祝他摒弃执迷的行为方式，还庆祝他探索出了一种新的方式，既能释放他的那些恐惧和愤怒，又能好好去爱凯伦。

努力终有收获，雷蒙德现在懂得了他过去的确侵犯了凯伦的边界，也终于接受了这个事实：凯伦是一个独立的个体。这意味着她有权拥有个人的感受、想法和兴趣爱好。他必须尊重这种权利。

化动荡不安为真正的亲密

当一段关系或感情出现时，怎么才能知道它是良性的，怎么才能知道是什么时候对方开始来真格的了？答案是：在最初阶段你无法确切知道。如果一见就开始钟情，一见就敢断定"他／她是来真格的"，你八成就要面临一场情感伤害了。

新的关系或感情充满了未知数，如果你们没有足够多的时间来了解彼此，如果你没有机会去探索爱人内心深处的恐惧和梦想，你就无法确切知道你的爱人是不是来真格的。建立真正亲密关系的真谛在于：双方要共同探索和发现彼此。

放弃执着并不意味着放弃激情，而是放弃痛苦、焦虑、混乱、屈辱、嫉妒和占有欲。如果你能走出这些羁绊，就能解放自己，发现亲密关系中最深层次的快乐，最终获得一份真正的爱情。

图书在版编目（ＣＩＰ）数据

执迷：如何正常地爱与被爱 ／（美）苏珊·福沃德，
（美）克雷格·巴克著；赵丽译. —— 北京：北京日报出
版社，2024.4
ISBN 978-7-5477-4771-1

Ⅰ．①执… Ⅱ．①苏… ②克… ③赵… Ⅲ．①爱情－
通俗读物 Ⅳ．①C913.1-49

中国国家版本馆CIP数据核字(2023)第244387号

北京版权保护中心外国图书合同登记号：01-2023-5522

OBSESSIVE LOVE: WHEN IT HURTS TOO MUCH TO LET GO by SUSAN FORWARD,
PH.D. AND CRAIG BUCK

Copyright© 1991 BY SUSAN FORWARD

This edition arranged with Bantam Books, an imprint of Random House, a division of
Penguin Random House LLC

Through BIG APPLE AGENCY, INC., LABUAN, MALAYSIA

Simplified Chinese edition copyright:

©2024 Beijing Sunnbook Culture & Art Co.Ltd.

All rights reserved

执迷：如何正常地爱与被爱

出版发行：北京日报出版社
地　　址：北京市东城区东单三条8-16号东方广场东配楼四层
邮　　编：100005
电　　话：发行部：（010）65255876
　　　　　　总编室：（010）65252135
印　　刷：天津创先河普业印刷有限公司
经　　销：各地新华书店
版　　次：2024年4月第1版
　　　　　　2024年4月第1次印刷
开　　本：710毫米×1000毫米　1/16
印　　张：16
字　　数：200千字
定　　价：56.00元